孩子也能懂的前沿科技

超燃新科技

大视野科普
易乐文 | 著绘

太空探索

CNS
PUBLISHING & MEDIA
中南出版传媒

湖南少年儿童出版社 · 长沙
HUNAN JUVENILE & CHILDREN'S PUBLISHING HOUSE

如何阅读这本书

搞定一关又一关，迈向更高阶！

 我是和大家一样朝气蓬勃的新时代少年！

我是带领你们迈向更高阶的神秘存在！

第一关

太空探索是如何开始的？

历史

了解太空探索的时代背景和技术条件，以及早期太空探索的方向。

第二关

太空探索是怎样发展起来的？

探索世界各国齐心协力建造宇宙空间站的原因和过程，以及国家和民营企业参与太空探索的原因。

发展

"更高阶"是什么意思？
这意味着"不可比拟的，更好、更先进的……"
换句话说，就是更高的一个层次！
与书中的"我"一起，完成基础关，
迈向太空探索领域的更高阶吧！

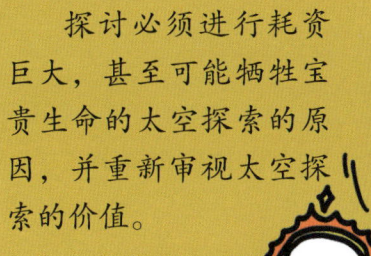

第四关

第三关

通过太空探索，我们知道了宇宙的什么秘密？

了解我们为什么要探索和走向太空，一起迈向更高阶！

探索

价值

了解太空望远镜和探测器，思考我们通过太空探索、了解到了哪些事实，以及获得了怎样的启示。

探讨必须进行耗资巨大，甚至可能牺牲宝贵生命的太空探索的原因，并重新审视太空探索的价值。

目 录

太空探索，我们的
分内之事

1969 年，人类首次登上月球，但当时我们认为这不是普通人能做到的事情。普通人进入太空，最多也只是在宇宙飞船里体验一下失重状态，或者在地球之外眺望美丽的地球。

然而，如今太空旅行已不再是遥远的梦想。

我们之所以前往太空，并不仅仅是为了旅行，还是为了人类的可持续发展，为了寻找新的资源和生活空间。

这绝非易事，因为地球上的生物已经进化得与地球环境高度依存了。可以说，我们探索太空，更多的是超越我们自身。这需要动用全人类的智慧和资源，通力合作才能实现。

过去，太空探索是美国和苏联这样拥有先进科技的超级大国的专属领域。

但如今，中国、日本、印度、韩国和欧洲的一些国家也在进军太空。太空探索已经不再是可选项，而是必须完成的任务；不再是与我们无关的事情，而是我们的分内之事。

变化总是悄然到来，因此我们必须时刻准备着。准备的第一步就是了解历史。

本书深入探讨了人类太空探索的起源、动因、发展过程以及当前的进展。

本书的读者将会认识到过去频繁发生的宇宙飞船发射失败和月球着陆失败是多么宝贵的经验。

希望正在阅读本书的你们，有一天能制造宇宙飞船，乘坐宇宙飞船探索太空，并在太空中为人类建立家园！

早在有历史记载之前，人们就在仰望天空，憧憬宇宙了。

人类对宇宙的想象始于数万年，甚至数十万年前。

但人类并未止步于想象，而是向太空迈出了脚步。

人们手握"科学"和"技术"这两大武器，开始了太空探索。

让我们来了解 20 世纪 60 年代左右出现的让这一切成为可能的技术，并在迈向太空的过程中，寻找我们必须思考和铭记的要点吧。

第一章

斯普特尼克与阿波罗11号

旗帜与足迹的时代

揭开太空时代的序幕

美国的紧张是理所当然的。1945年第二次世界大战结束后，世界分裂为两个阵营。

一个是以苏维埃社会主义共和国联盟，也就是苏联为代表的阵营。

一个是以美国为代表的阵营。

苏联大致相当于现在的俄罗斯。

1991年苏联解体，分裂成俄罗斯、乌克兰、哈萨克斯坦等国家。

两个阵营的对立是"没有硝烟的战争"。双方都在开发武器，以备随时开战。但美国认为自己在苏联之上。

氢弹？胡说八道！退一万步说，即使你们有，又如何？要把氢弹投到我们这里，还需要能跨越太平洋的火箭技术……你们有吗？

我们有氢弹！所以别嚣张！

但是！苏联成功发射了人造卫星！这意味着……

我们的火箭可以把任何东西送上太空。

有了这样的火箭，想要瞄准哪里，瞄准谁，都不在话下！

对美国来说，斯普特尼克1号和2号的发射是巨大的冲击！

不行！我们不能坐以待毙！

斯普特尼克冲击

美国奋起直追。在次年，也就是 1958 年，当地时间 1 月 31 日，北京时间 2 月 1 日，美国成功发射了第一颗人造卫星"探险者 1 号"。同年，成立了美国国家航空航天局，也就是 NASA。美国和苏联的太空竞争正式开始。

我们很快就会拥有超越苏联的技术。

那当然！就让苏联尝尝我们的厉害吧！

原来大名鼎鼎的 NASA 就是在这个时候成立的！

在这场竞争中,苏联一开始领先于美国。

世界第一

1959 年 1 月,苏联为了探测月球,制造了无人月球探测器月球 1 号。虽然没能成功登月,但它是世界上第一个绕太阳公转的人造天体。

世界第一

世界第一

1961 年 4 月,尤里·加加林乘坐东方 1 号在轨道上绕地球一周,成为历史上第一个进入外太空的人类。

1963 年 6 月,搭载人类历史上首位女性宇航员的东方 6 号发射成功。

1965 年 3 月,苏联航天员首次成功完成了太空行走。

1966 年 2 月,无人月球探测器月球 9 号首次成功在月球表面着陆,并首次将月球表面的图像传回地球。图像显示月球表面足够坚固,可以供宇宙飞船着陆。

世界第一

世界第一

美国惊慌失措。

同志们！我们永远不能忘记，尤里·加加林同志是第一个进入太空的人类……

当然有可能！你想象过人类能够进入太空吗？如果一个国家能做到这样的事情，人们就可能对其产生幻想。

他们在用航天技术来宣传他们的国家！

这样下去，我担心人们会认同他们的宣传。

真的会到这个程度吗？

1961 年，美国宣布了"阿波罗计划"。阿波罗计划是 1961 年至 1972 年间由美国国家航空航天局主导的载人登月计划。

即使在宣布阿波罗计划之后，美国仍然屡次落后于苏联。但是在 1969 年 7 月 21 日，美国终于在落后长达十年的太空竞赛中，一举改变了局势！

确实！但两国先发射的都是人造卫星。

太空探索就是这样始于美国和苏联的竞争并逐步发展的。

这是为何？为什么一开始不直接发射宇宙飞船，而是人造卫星呢？

你是在问太空探索为什么是从发射人造卫星开始的吗？

想知道的话就跟我来吧！

好的！让我去看看！

为什么先发射人造卫星？

正如前面所述，太空探索在很大程度上起源于第二次世界大战结束后美苏的军事竞争。

因此，太空探索技术首先在可以占据军事优势的领域得到发展。

看看最先开发的火箭技术就能明白了。

火箭不仅可以用于发射人造卫星或宇宙飞船，还可以用于投放炸弹。

如果当时美国和苏联用装载炸弹的火箭攻击对方，会发生什么呢？

第三次世界大战就会爆发！

但美国和苏联都没有向对方发射火箭，而是将火箭发射到太空，以此展示自身火箭技术的优越性，从而威慑对方不要轻举妄动。

那么，为什么要在火箭上搭载人造卫星呢？

其原因仍然在于当时的对抗竞争。

那么，什么是人造卫星呢？

人造卫星就是人类制造并发射的，像月球一样绕地球运行的物体。

但人造卫星离地球比月球离地球近得多。

160 km ～ 36,000 km

人造卫星

约 384,000 km

月球

从人造卫星上俯瞰地球，可以清晰地看到地球的全貌。

简而言之，发射人造卫星就相当于建造了一座用来监视敌人的高高的瞭望塔。

所以，优先开发人造卫星是必然的。

从技术角度来看，人造卫星的开发是必须优先进行的。

试想一下，要将人造卫星或宇宙飞船送到遥远的太空，需要性能强大的火箭。

要到达更远的地方，就需要火箭提供更大的推力。

要增加推力，就需要更多的燃料，但这会增加火箭的重量，火箭性能就必须更强大……

不仅是火箭，还需要确保火箭搭载的人造卫星或宇宙飞船能够承受太空的恶劣环境。

此外，进入太空后，火箭还需要与地球保持顺畅的通信，以便在地球上对火箭进行控制。

因此，相比于向月球或更远的太空发射飞行器，发射绕地球飞行的人造卫星是更实际的选择。

科学家们首先发射人造卫星，以确认火箭的性能，然后将人造卫星安置在相应轨道上并使其运行，以检验在地球上控制太空飞行器的技术。

同时，通过地球和人造卫星之间的通信，人们也发展了通信技术。

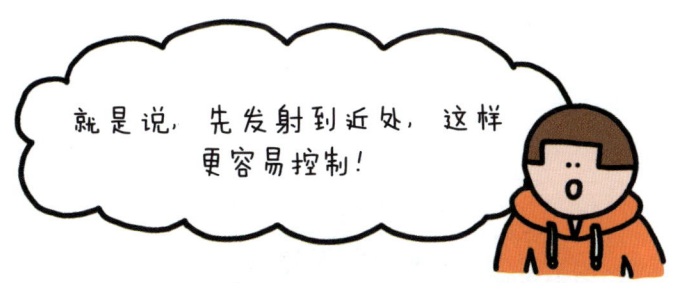

就是说，先发射到近处，这样更容易控制！

从风险的角度来看，人造卫星的开发也必须排在首位。

在初期的太空探索计划中，科学家们必须从"即使发生事故也能将损失最小化"的项目开始。

因此，他们必须先制造小型的飞行器。

这样，即使发生问题，损失也能最小化。

而且，科学家们必须优先考虑无人驾驶飞行器，而不是载人飞行器。

毕竟，没有什么比人的生命更宝贵。

就这样，人造卫星技术日新月异。

1957 年 10 月，世界上第一颗人造卫星斯普特尼克 1 号的任务是向地球发送"哔哔哔哔"的信号音。

斯普特尼克 1 号出色地完成了这一任务。

一个月后发射的斯普特尼克 2 号搭载了一只名叫"莱卡"的小狗。

不幸的是，莱卡在进入太空数小时后，因高温和压力而死。

搭乘斯普特尼克 2 号的莱卡 © 美国国家航空航天局

但是，1960 年 8 月发射的斯普特尼克 5 号上搭载的两只小狗——贝尔卡和斯特列尔卡安然无恙地返回了地球。

生物可以去太空并安全返回！

那么是否可以开始准备载人航天了呢？

1961 年 4 月 12 日，苏联战斗机飞行员尤里·加加林乘坐东方 1 号进入太空，成为第一个绕地球飞行的人类！

出发！

东方 1 号和首位宇航员尤里·加加林

© 美国国家航空航天局

斯普特尼克系列的卫星探测持续进行。

同时，美国也开始实施探索者卫星探测计划。

目前，地球有超过 7,000 颗人造卫星。

人造卫星的种类

军事卫星	侦察卫星	用于监视其他国家的军事行动和部署，需要高性能的相机，因此推动了相机和数据传输技术的发展
	通信卫星	用于军事通信 地球静止卫星（由于它绕地球转圈的方向和周期与地球自转的方向和周期完全同步，所以从地面看就像在空中静止不动） 现在与民用卫星一起使用
	导航卫星	用于确定地球上人员或物体的位置 导航系统使用全球导航卫星系统（GNSS）导航卫星
	战斗卫星	1967 年签署国际条约，禁止制造战斗卫星
民用卫星	观测卫星	提供地球表面的照片，监测农业灾害、森林火灾和环境污染
	气象卫星	观测大气现象、天气以及气候
	通信卫星	用于全球通信和广播
	科学卫星	宇宙空间站和太空望远镜是科学卫星

除了美国和苏联，世界各国也在太空探索和人造卫星技术上倾注了大量资金和心血。

比如，欧洲航天局（ESA）通过"阿丽亚娜"火箭成功发射了各种人造卫星，其中，"伽利略"作为欧洲自主研发的卫星导航系统，扮演着类似 GPS 的角色。

中国使用"长征"火箭发射了多颗人造卫星，在太空探索领域取得了巨大进步。

其自主研发的北斗卫星导航系统，也可以执行类似于 GPS 的功能。

中国还通过月球探测计划"嫦娥工程"成功在月球背面着陆，开启了太空探索的新篇章。

印度也通过自主研发的火箭成功发射了多颗人造卫星。其"曼加里安"号探测器在火星探索中取得了重大成就，使印度的太空技术为世人所知。

日本也通过独立研发的火箭发射了多颗人造卫星，探索了太空和地球的多个领域。

韩国也通过发射多颗人造卫星，在太空研究领域取得了进展。

这些卫星在气象和通信等多个领域都得到了广泛应用。

世界各国都在通过发展人造卫星技术，探索宇宙的无限可能性。

人造卫星不仅让我们的日常生活变得更丰富，还在逐步揭开宇宙的深层奥秘，并且推动了科学技术的发展。

那么，这些人造卫星是如何被发射到太空的呢？

让我们来了解一下发射人造卫星的火箭技术吧。

火箭是如何将人造卫星送入太空的?

无论是人造卫星还是宇宙飞船，目前前往太空的飞行器都是被装载在火箭上发射的。

那么，火箭是如何进入太空的呢？

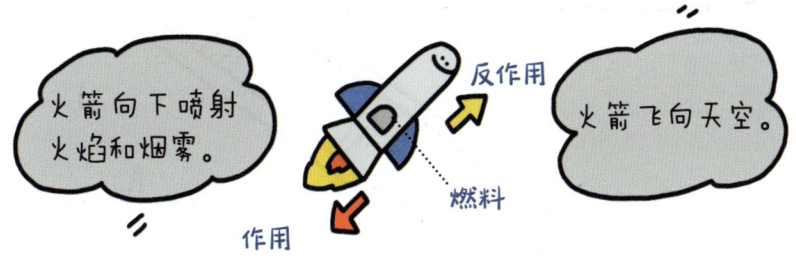

火箭向下喷射火焰和烟雾。

反作用

火箭飞向天空。

燃料

作用

火箭的飞行原理——作用与反作用

捏紧充满空气的气球然后松开，空气就会从气球嘴喷出来（作用），气球就会向相反的方向飞去（反作用）。火箭的飞行原理也是如此。

然而，要使火箭产生向上飞行的反作用力，首先需要有向下喷射火焰和烟雾的作用力。

为了产生这种作用力，就需要用到"火箭燃料"。

当火箭引擎燃烧火箭燃料时，火焰和烟雾会从火箭底部喷出，从而通过反作用力推动火箭向上飞行。

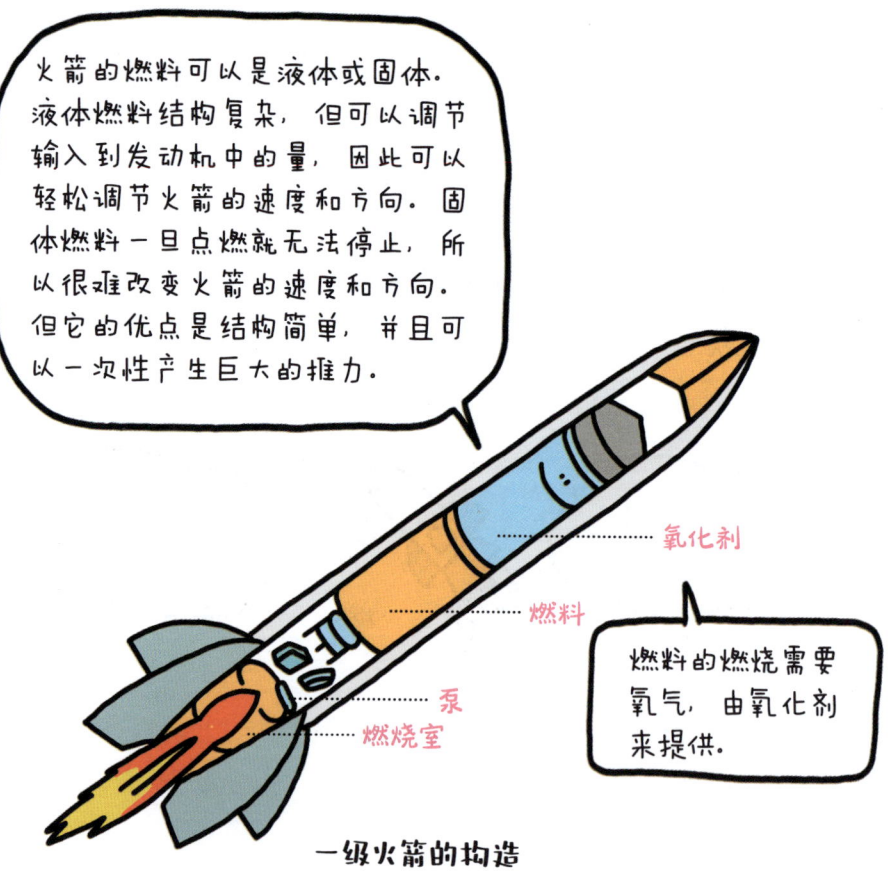

火箭的燃料可以是液体或固体。液体燃料结构复杂，但可以调节输入到发动机中的量，因此可以轻松调节火箭的速度和方向。固体燃料一旦点燃就无法停止，所以很难改变火箭的速度和方向。但它的优点是结构简单，并且可以一次性产生巨大的推力。

氧化剂

燃料

泵

燃烧室

燃料的燃烧需要氧气，由氧化剂来提供。

一级火箭的构造

科学家们将这样的火箭制作成二级或三级。在火箭中，燃料和氧化剂的比重占到整体重量的近 90%。

一旦燃料和氧化剂燃烧完毕，只剩下空壳，就没必要背着空壳飞到太空中去了，不是吗？

因此，火箭被设计成二级或三级，以便在中途减去不必要的重量，继续飞向太空。

科学家们根据每个阶段的需求来设计火箭。

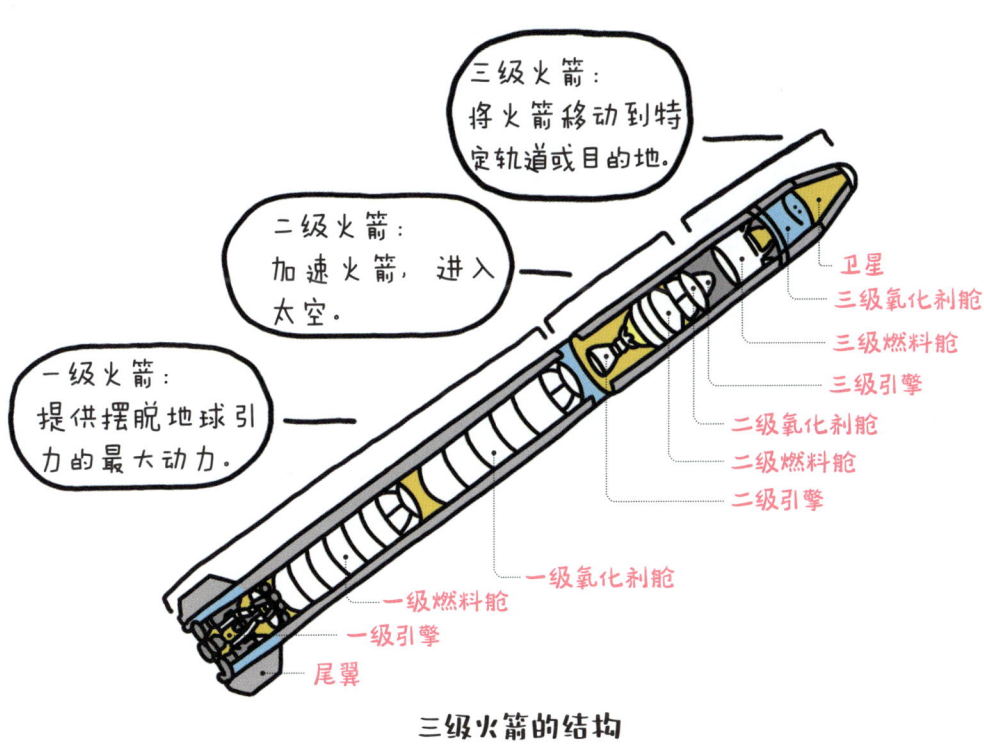

三级火箭：
将火箭移动到特定轨道或目的地。

二级火箭：
加速火箭，进入太空。

一级火箭：
提供摆脱地球引力的最大动力。

卫星
三级氧化剂舱
三级燃料舱
三级引擎
二级氧化剂舱
二级燃料舱
二级引擎
一级氧化剂舱
一级燃料舱
一级引擎
尾翼

三级火箭的结构

火箭开发是多种科学技术高度结合的顶尖领域。

因此，能够凭借自主技术发射火箭的国家寥寥无几。

火箭技术发展到今天能够支撑人类进行太空探索的水准，其背后是无数人的努力和牺牲。

让我们花点时间来了解这些人吧。

我们必须铭记的英雄们

1969 年 7 月 20—21 日，阿波罗 11 号成功登月，尼尔·阿姆斯特朗留下了这样一句激动人心的话。

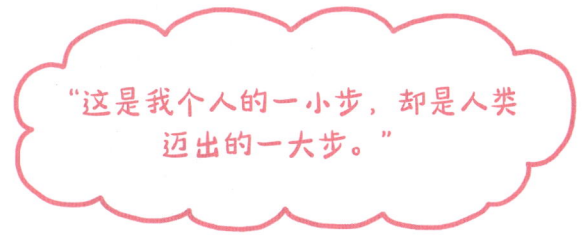

"这是我个人的一小步，却是人类迈出的一大步。"

这句话至今仍然给许多人带来深深的感动。

尼尔·阿姆斯特朗之所以能说出这句话，是因为有无数英雄在背后默默奉献。

我们首先能想到的是控制阿波罗 11 号的登月舱"鹰号"的巴兹·奥尔德林，以及指令舱"哥伦比亚号"的迈克尔·科林斯。

此外，在阿波罗 11 号登月之前，为此不懈研究和奉献的科学家和宇航员们同样不容忘记。

在苏联的"斯普特尼克冲击"之后，美国制订了将人类送入太空的计划。

我们所知的因阿波罗 11 号而闻名的阿波罗计划正是其中一部分，但在此之前，还有水星计划和双子星座计划。

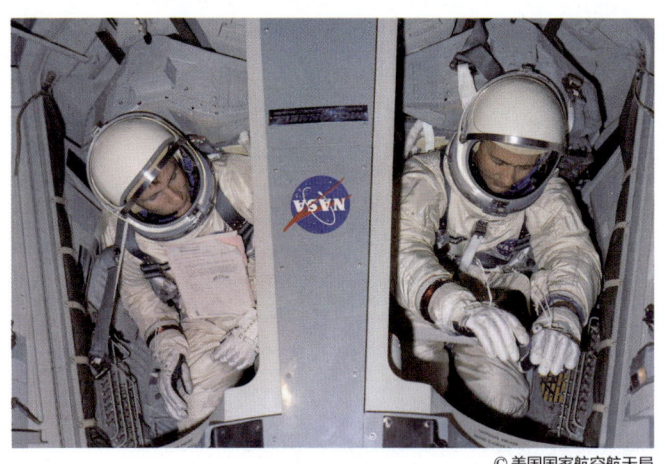

© 美国国家航空航天局

执行双子星座计划的宇航员们

双子星座计划是一个旨在提高宇航员在太空环境中的适应能力的项目。水星计划则是载人航天计划。

美国通过这些计划选拔和培训宇航员，开发了火箭和宇宙飞船，并且为应对太空中可能发生的各种情况做好了准备。

最具代表性的例子就是"鹰号"和"哥伦比亚号"的对接。尼尔·阿姆斯特朗是搭乘登月舱"鹰号"着陆月球的。然后"鹰号"再次升空，与指令舱"哥伦比亚号"对接。在这个过程中，稍有差池，宇宙飞船就会爆炸。

正是通过水星计划和双子星座计划的不断研究、实践和改进，"鹰号"和"哥伦比亚号"的对接才能成功。

然而，在这个过程中，也有人失去了生命。

登月的是阿波罗 11 号，还记得吧?

那么阿波罗 1 号到 10 号又做了什么呢?

为什么我们不记得阿波罗 1 号到 10 号的宇航员们的名字呢?

在双子星座计划之后，宇航员乘坐的指令舱完工。

接下来需要进行确认和调整指令舱性能的训练。

1967 年 1 月 27 日，三名宇航员维吉尔·格里森、爱德华·怀特和罗杰·查菲进入了 AS-204 号宇宙飞船的指令舱。

但是舱内某处电线冒出火花，指令舱被大火吞噬。三名宇航员在十几秒内全部丧生。

发生火灾事故的 AS−204 号宇宙飞船就是阿波罗 1 号。阿波罗计划在 1 号任务之后跳过 2 号、3 号载人任务，直接进行了 4 号任务，阿波罗 4 号到 6 号是无人宇宙飞船。

阿波罗计划中的载人宇宙飞船

宇宙飞船	发射日期	任务内容
阿波罗 7 号	1968 年 10 月	绕地球飞行
阿波罗 8 号	1968 年 12 月	绕月球飞行
阿波罗 9 号	1969 年 3 月	装载登月舱"蜘蛛号"，绕地球飞行
阿波罗 10 号	1969 年 5 月	乘坐登月舱"史努比号"接近月球表面后返回，探索阿波罗 11 号计划登月地点——静海

阿波罗 7 号到 10 号，都是为阿波罗 11 号登月做准备的。

阿波罗 11 号之后，阿波罗计划一直持续到 17 号。

从 11 号到 17 号，参与阿波罗计划的宇航员中有 21 人完成了绕月飞行，其中 12 人成功登陆月球。

但是阿波罗 13 号未能成功完成任务。

1970 年 4 月，阿波罗 13 号的指令舱在前往月球的途中发生了故障。

在距离地球约 32 万千米，距离月球约 6 万千米的位置，飞船的一个氧气罐爆炸了。万幸的是，宇航员们安全返回了地球。

肯尼迪航天中心的阿波罗 13 号

阿波罗 13 号和宇航员们的故事被拍摄成了电影《阿波罗 13 号》。

有空的时候看一看，从中可以体会到科学家和宇航员们的辛苦和奉献。

© 美国国家航空航天局

通过这些经历，科学家和宇航员们得到了一个教训：在太空中发生重大事故时，只有按照训练进行操作，才可能平安无事。

除了制造火箭和宇宙飞船的科学家和搭乘宇宙飞船探索太空的宇航员之外，我们还应该记住那些默默支持太空探索的幕后英雄。

地球和月球之间的距离大约是 38 万千米。

要跨越如此遥远的距离，精准着陆，并安全返回，需要精确的计算。

那么，这些计算是谁做的？这些计算程序是谁编写的呢？

是麻省理工学院研究所的玛格丽特·汉密尔顿，阿波罗计划中需要用到的软件就是由她带领团队开发的。

玛格丽特·汉密尔顿是手工编写程序的。

她编写的代码被制成了书籍，书的高度接近她的身高！

© 麻省理工学院博物馆

**玛格丽特·汉密尔顿和她
手工编写的代码书**

令人难以置信的是，如此多的代码是她仅凭头脑和黑板写出来的！

玛格丽特·汉密尔顿为宇航员们需同时输入大量指令的情况做了准备。

她设计了一个程序，该程序在到达月球表面 3 分钟前会自动检查飞船的任务量是否超出了处理容量，如果超出，就会发出警告并暂停优先级低的任务。

而在阿波罗 11 号登月的最后时刻，这一情况真的发生了！

宇航员们按照玛格丽特·汉密尔顿编写的程序操作，避免了飞船故障，成功降落在了月球上。

如果没有玛格丽特·汉密尔顿，阿波罗 11 号可能就无法成功登月，即使登月成功，也可能无法返回地球。

即便没有阿波罗 11 号，玛格丽特·汉密尔顿也是软件工程领域不可或缺的人物。

但因为性别原因，她的名字长期不为人所知。

直到阿波罗 11 号成功登月 47 年后，也就是 2016 年，玛格丽特·汉密尔顿才从时任美国总统奥巴马手中获得了美国最高平民荣誉——"总统自由勋章"。

正是由于这些人的努力和对太空探索的渴望，相关科学和技术才得以发展和进步。

现在，人们开始寻找通过空间站和月球前往火星的方法。

太空探索中不可或缺的三位女性

　　她们分别是多萝西·沃恩（上左）、玛丽·杰克逊（上右）和凯瑟琳·约翰逊（下）。

　　在没有计算机的时代，她们把自己当作计算机，计算飞行轨道，为水星计划的成功做出了贡献。然而，因为是女性且是黑人，她们长期未能得到应有的认可。她们的故事在电影《隐藏人物》中被生动地呈现出来。

太空探索始于美国和苏联的竞争，但两国却为了太空探索而展开了合作。

因为再强大的国家，也难以独自承担太空探索的重任。

不仅美国和苏联，许多国家也参与了太空探索。

让我们来了解一下这个过程吧！

同时也了解一下他们在宇宙空间站做了什么、计划做什么，以及建造宇宙空间站的原因。

宇宙空间站和太空基地

国际合作与新的竞争

一起前进吧!

携手前进吧！

这是因为他们发现自己需要对方的帮助。

互相帮助好是好……但是这个转变是怎么发生的呢？

阿波罗11号的登月让人们兴奋不已，但这只是暂时的。

管他去月球还是去哪，我都得给孩子做饭吃。

都去看月亮了，谁来放牛呀！

热闹看完了！

都去月球了，谁来保家卫国呢？

有人上月球，有人去上班，比如我。

就算是登月时代，也还是有人生病！

在这种情况下……

美国和苏联都没有余力和对方竞争了。

没有竞争的理由，国家便减少了预算。

太空探索陷入了停滞期。

苏联的科学家们也没有闲着。

太空探索一定要登上月球吗？

在近地轨道上放置一个巨大的人造卫星，供宇航员停留和其他宇宙飞船来往，这样进行太空探索不是更好吗？

你说的是空间站吧？这样的话还可以监测地球上发生的事情，可以起到军事方面的作用！

想要实现这一点，我们需要比现在更强大的火箭……而且人造卫星必须非常大才可以供宇航员停留。

但是我们现在的火箭技术……

也不是没有办法，可以发射多个轻型宇宙飞船，然后在太空中把它们组装起来！

天才呀！

像乐高积木一样吗？

苏联决定将空间站送入近地轨道，
并将其命名为"礼炮计划"。
1971 年，苏联发射了最早的空间站——礼炮1号。

然后，苏联发射了联盟10
号和联盟11号宇宙飞船与
礼炮1号进行对接实验。

联盟11号
失败

联盟10号
成功

可惜，联盟11号在返回地球的时候，返回舱的减压阀发生
意外故障，3名宇航员因此而身亡。

美国也计划发射空间站。

就这样，1975 年，两国的宇宙飞船在太空完成对接，
两国的宇航员在太空中会面。

之后，苏联允许其他国家的宇航员访问苏联的空间站。
1986 年，苏联发射了新的空间站——和平号。

礼炮号只有1个模块，而和平号由7个模块组成。

像乐高积木一样组装的空间站终于建成了。

1993 年，美国、俄罗斯、日本、加拿大，以及欧洲航天局成员国（英国、法国、德国、意大利、西班牙、瑞士、荷兰、比利时、丹麦、瑞典、挪威）等国家参与了国际空间站，即 ISS（International Space Station）的建设。

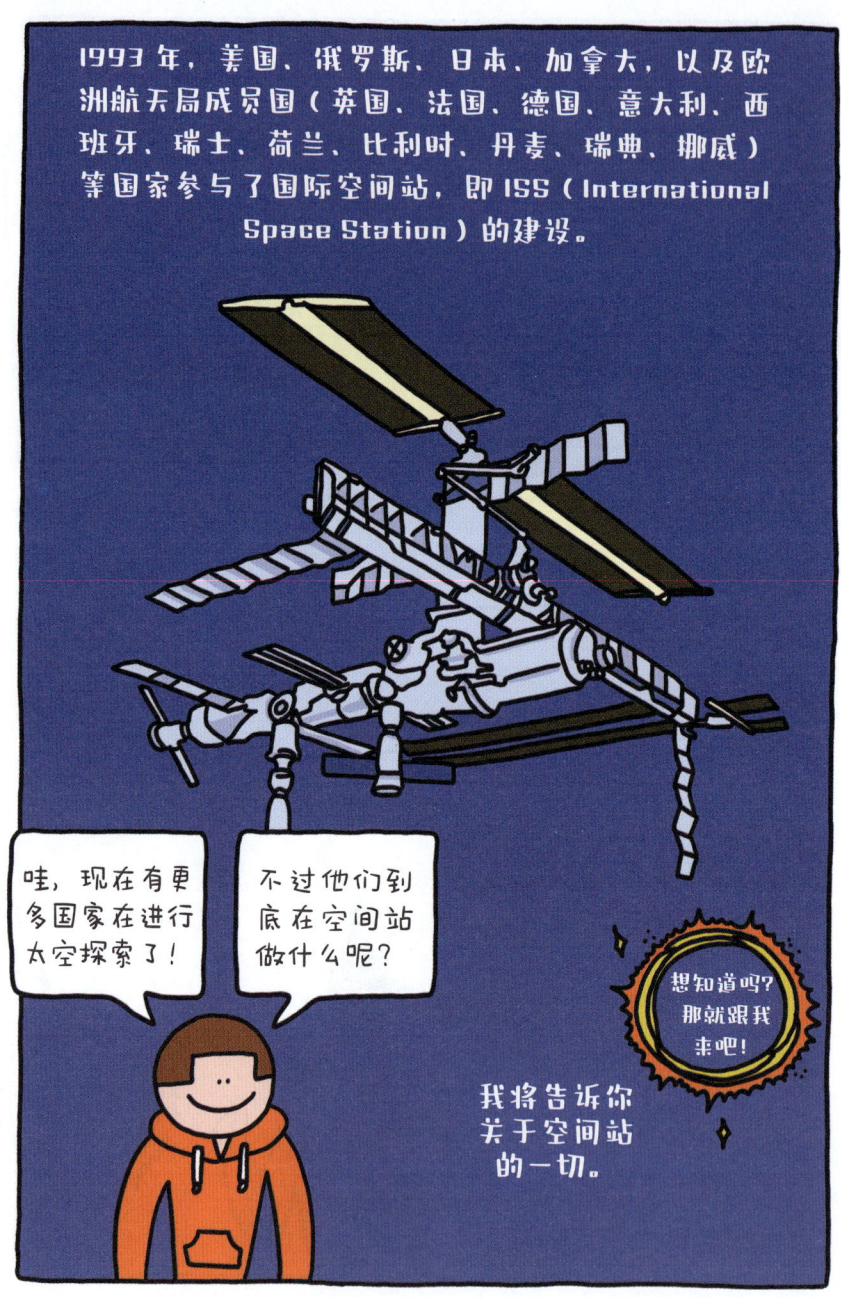

哇，现在有更多国家在进行太空探索了！

不过他们到底在空间站做什么呢？

想知道吗？那就跟我来吧！

我将告诉你关于空间站的一切。

空间站是用来做什么的?

1998 年 11 月, <mark>国际空间站</mark>的首个组件发射成功。

通过持续添加新模块, 国际空间站已经在近地轨道上运行了 20 多年。

它位于地球上空约 400 千米的轨道上, 以每小时约 2.8 万千米的速度运行, 大约每 93 分钟绕地球一周。

它的大小相当于一个足球场, 高度相当于 7 层楼, 重量超过 400 吨。

2011 年, 另一座空间站也进入了近地轨道。

它就是中国建造的<mark>天宫空间站</mark>, 中国正在将其建设成为一个大型模块式空间站, 其核心模块 "天和" 号已经成功发射。问天实验舱、梦天实验舱也已成功发射, 天宫空间站于 2022 年已全面建成。

在这些空间站上，人类进行了许许多多的实验。

其中最重要的实验之一是关于"微重力对人类健康的影响"。

微重力指的是非常微小的重力。

国际空间站并非处于无重力状态，而是处于微重力状态。

在这个实验中，最值得关注的是骨密度的问题。

我们的身体受地球引力作用。

我们的骨骼适应了地球的引力，因此在地球上能够保持足够高的骨密度以支撑我们的身体。

然而，在微重力环境中，我们的骨骼还能够维持原来的骨密度吗？

这是一个非常重要的问题。

如果在微重力状态下骨密度下降，那么宇航员们的骨骼就会变得像老年人一样脆弱。

在这种状态下返回地球，宇航员们脆弱的骨骼将无法承受地球的引力！

因此，科学家们针对多名宇航员进行了定期的骨密度检查和多种实验。

而结果正如预想的那样！

在微重力状态下，骨密度显著降低了，肌肉量显著减少了！

因此，为了在微重力状态下维持骨密度和肌肉量，宇航员们需要进行各种训练和实验。

运动也是维持骨骼和肌肉的重要实验。

良好的太空饮食是一个重要课题！

© 美国国家航空航天局

© 美国国家航空航天局

宇航员们需要服用地球上用于治疗骨质疏松症的药物，并定期将自己的血液、尿液等样本送回地球，返回地球后也要持续监测自己的健康状况。

他们在空间站的生活本身就是一场探索人类在太空中生存的可能性的实验。

除此之外，空间站还进行了很多实验。

不过，由于具体内容并未公开，我们只能推测可能进行的实验领域。

可能有哪些实验呢？

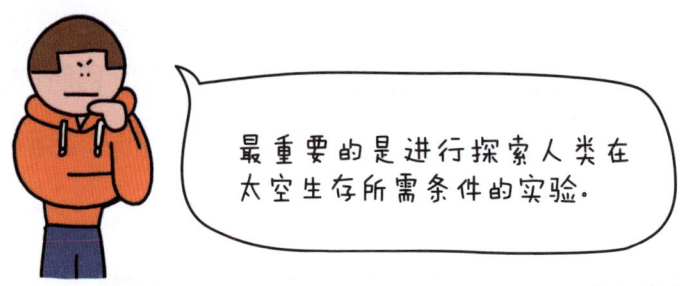

最重要的是进行探索人类在太空生存所需条件的实验。

首先，空间站需要进行为人类在太空中长期生活创造条件的各种实验。

人要活下去，首先要吃饭和排泄，排泄物还需要被分解。

要吃饭就需要食物，要分解排泄物就需要微生物。

因此，空间站必须进行与植物和微生物生长相关的实验。

另外，空间站还需要进行开发人类在太空中生存所需技术的实验。

一个具有代表性的实验是关于辐射的。

在地球上我们有大气层保护，大气层可以阻挡太阳发出的辐射，但太空中没有大气层。

因此，还需要通过实验了解辐射对包括人类在内的生命体有什么影响，以及寻找可以高效屏蔽和隔绝辐射的物质。

与流体相关的实验也必不可少。

流体是指像气体和液体一样没有固定形状且具有流动性的物质。

空气、水、液体燃料等都是流体。

在地球和太空中，流体的运动方式是不同的。

例如，在有地心引力的地球上，一切物体都有向下移动的趋势。

同一流体中，高温部分更轻，会向上移动，而低温部分较重，会向下移动。

但在微重力状态下，这种趋势不会发生。

所以，在宇宙飞船中，流体不会产生对流。

流体中产生气泡时，气泡也不会上升。

因此，在太空中无法像在地球上一样控制流体。

控制流体的技术非常重要。

在宇宙飞船中，要呼吸就必须控制空气，要给宇宙飞船供应和净化水源就必须控制水。

如果不能去除液体燃料中的气泡，宇宙飞船的引擎可能就会着火！

因此，开发在太空环境中控制流体的技术是必要的，相关实验也势在必行。

除此之外，空间站还被用作开发在太空这种恶劣环境中使用的材料，以及测试新技术的试验场。

空间站也非常适合进行太空观测。因为没有大气层的干扰，所以可以获得更清晰的太空照片。

空间站还可以收集地球大气、陆地和海洋的数据，用来监测地球的环境、气候、自然灾害和城市开发。

空间站上通常只有 3 到 4 名宇航员，最多也只有 7 到 8 名宇航员。

如此有限的人员，要完成所有实验，一定忙得不可开交吧？

但是在忙碌之余，宇航员们还积极参与教育和文化活动。

这是因为他们想为大众提供一个更容易理解科学的机会，激发人们对太空的兴趣和对宇宙探险的好奇心。

人们对太空的理解、兴趣和好奇心将成为太空探索的重要动力，并为未来探索更遥远的宇宙奠定基础！

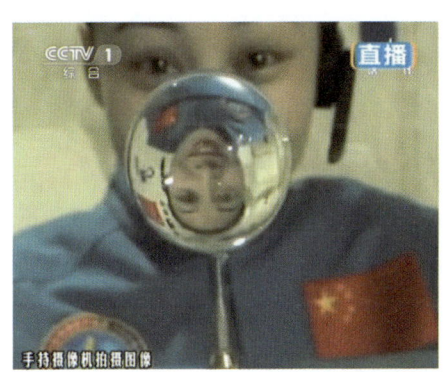

© 新华社报道

我的老师是宇航员

这是在天宫空间站内讲解水滴漂浮的科学原理的女宇航员王亚平。

王亚平的这堂物理课在全中国 8 万多所学校进行了直播，大约有 6,000 万名师生收看。

我们通过空间站去往哪里？

什么是空间站？

想象一下公交站就容易理解了。

我们在公交站上车和下车，去我们想去的地方。

它不是目的地，而是我们经过或暂时停留的地方。

空间站也是一样，是我们为了去宇宙中的某个地方而经过或暂时停留的地方。

你问要去哪里？

经过空间站后，第一个到达的目的地是月球。

因为月球是离地球最近的天体。

美国国家航空航天局正在进行<mark>阿尔忒弥斯计划（Artemis Program）</mark>，目标是在月球的南极建立基地。

　　欧洲航天局也试图通过<mark>月球村计划（Moon Village）</mark>，建立一个以国际合作为基础的月球基地。

　　中国也在推进在月球上建造基地的"<mark>国际月球科研站（ILRS）</mark>"计划。

©美国国家航空航天局

美国国家航空航天局的阿尔忒弥斯计划想象图

　　要在月球上建立基地，就必须能够从月球上获取人类生存所需的空气、水和食物。

　　因为如果要从地球上将全部物资运送到月球，成本太高了。

不过，科学家们发现月球上存在冰形态的水！

通过这些冰可以获取水，通过电解水可以获取氧气。

问题是食物！要获取食物必须种植农作物，在月球上能用从地球带来的种子种植农作物吗？

月球表面覆盖着松散的灰尘、土壤和碎石。

要成功地建设月球基地，还需要发展在这种环境下耕作的农业技术！

所需的能源可以从一种叫氦-3（He-3）的物质中获取。

月球上富含氦-3，可以用来进行核聚变发电。

为了做到这一点，需要发展在月球开采和运输氦-3的技术，以及用氦-3进行核聚变发电的技术。

正在开发中的氦-3采掘设备想象图

©美国国家航空航天局

由于月球没有大气层，所以昼夜温差极大，辐射也非常强。

这些情况空间站也存在，所以应该不成问题。

但是还有许多我们未曾遇到的问题。

月球的重力是地球的六分之一，虽然小，但足以吸引周围的太空尘埃和陨石。

因此，月球上可能会像下雨一样掉落太空尘埃和陨石。

月球基地必须能够抵御这些太空尘埃和陨石。

所以还需要为建设月球基地开发建筑技术和材料。

如果解决了这些技术问题，成功地在月球上建立了基地，很多人从地球迁移到月球，并在月球上建立定居点后，人们将会把目光转向更遥远的地方。

事实上，相较于地球，月球更适合作为前往其他天体的起点。

因为月球的重力是地球的六分之一，所以可以用比在地球上小得多的力量发射火箭。

月球也不是最终的目的地，而是前往更遥远宇宙的中转站。

下一个目的地是火星。

因为火星离地球相对较近，且可能适合生命生存。

在火星建立基地时，之前在空间站、月球基地和定居点所积累的技术将大有帮助。

但火星的条件与空间站和月球大不相同，现有的技术可能还不够。

例如，火星有稀薄的大气层，但经常产生巨大的沙尘暴。

因此，在火星建立基地时，需要为预测和应对沙尘暴做好技术准备。

此外，在火星建立基地时，先派遣机器人的可能性很大。

从地球到火星需要超过六个月的时间。

再加上回程所需的燃料，火箭的重量将变得非常大。

因此，可以先派遣无须返回的机器人。

比人类先行前往火星的机器人，需要安装人类在火星上停留所需的基础设施。

如应对极端温差的居住设施、维系人类生存的生命维持装置，以及与地球或月球基地联系的通信设备等。

这就要求我们拥有比现在更为先进的==机器人技术==。

© 美国国家航空航天局

探测火星的机器人

1997年，科学家们向火星派遣的名为"火星探路者号"的机器人在火星着陆，开启了火星探测。随后，2004年，名为"机遇号"和"勇气号"的"双胞胎"机器人在火星着陆。2011年，"好奇号"发射升空，2012年着陆火星。2021年，"天问一号"探测器着陆于火星乌托邦平原南部预选着陆区。

这些机器人负责调查火星地质、寻找生命迹象等工作。它们收集火星的各种信息并传送回地球。左侧的照片是"好奇号"工作的场景。

独自探索火星吗？即使是机器人也会觉得孤独吧！

将目光转向太空的企业们

虽然已经制订了前往月球和火星的计划，但我们还不能随心所欲地发射宇宙飞船。

为了实现这些计划，首先必须大幅降低前往太空的成本。

因此，美国开发了可重复利用的航天飞机来往返于太空和地球。

曾经，航天飞机被认为是建设空间站、为空间站更换宇航员和运送补给品的理想运输工具。

然而，航天飞机计划于 2011 年 7 月终止了。

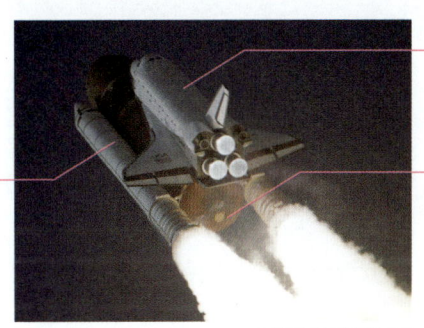

提供初始
推进力的
**固体火箭
助推器**

供宇航员乘坐
和搭载物品的
轨道器

为主发动机
提供燃料的
外部燃料箱

© 美国国家航空航天局

飞向太空的航天飞机

　　航天飞机是首个为重复使用而设计的宇宙飞船。它由飞机形状的轨道器、外部燃料箱和两个固体火箭助推器组成，其中轨道器和固体火箭助推器是可重复使用的。

　　人们期待通过重复利用航天飞机来降低太空探索的成本。但由于航天飞机过于沉重，每次发射都要花费大量资金。

　　而且，由于航天飞机的尺寸是固定的，有时即使搭载的物品很少，也必须发射大型的航天飞机。

　　为了能够重复使用，维修费用也不是一笔小数目。

　　再加上几次爆炸事故，安全性问题也凸显出来。

　　因此，美国结束了航天飞机计划，转而使用俄罗斯的联盟号飞船前往国际空间站。

　　其他国家也大多开始使用联盟号飞船。

　　只有中国在使用自己国家的火箭和宇宙飞船。

然而，民间企业也开始制造火箭和宇宙飞船了！

例如太空探索技术公司（SpaceX）、蓝色起源和维珍银河等公司。

以特斯拉电动汽车闻名的埃隆·马斯克创立的 SpaceX 开发出了可重复使用的火箭，大幅降低了进入太空的成本。

© SpaceX

SpaceX 的猎鹰 9 号（Falcon 9）火箭

左图是火箭发射时的情景，右图是发射到太空的一级火箭返回地球并着陆时的情景。猎鹰 9 号由两级组成，发射后分离的一级火箭能够像右图一样垂直着陆并且可重复使用。

因此，许多国家开始使用 SpaceX 的猎鹰火箭发射人造卫星。

不仅如此，很多国家还使用 SpaceX 的载人龙飞船（Crew Dragon）。

2020 年，美国国家航空航天局的宇航员们乘坐载人龙飞船前往国际空间站，执行了为期 60 余天的任务后安全返回地球。

不仅是美国，俄罗斯等其他国家也在使用 SpaceX 的猎鹰 9 号和载人龙飞船前往国际空间站。

SpaceX 还在开发名为星舰（Starship）的大型宇宙飞船，并计划实现可重复使用。

星舰是以进行长期太空旅行和星际间移动为目标的宇宙飞船。

© 美国国家航空航天局

© SpaceX

载人龙飞船

正在与国际空间站对接。

星舰

下方是一级火箭，上方是二级火箭兼宇宙飞船星舰。

全球知名的网络购物平台亚马逊的创始人杰夫·贝索斯也涉足了太空探索领域。

他比埃隆·马斯克早两年，于 2000 年创立了名为蓝色起源（Blue Origin）的公司，并开发了可重复使用的火箭。

英国著名的企业家理查德·布兰森也于 2004 年成立了维珍银河公司（Virgin Galactic），目前正在自主开发火箭、宇宙飞船以及太空飞行系统。

当然，这些也是可重复利用的。

蓝色起源和维珍银河发射的火箭

© 蓝色起源

蓝色起源的火箭"新谢泼德号"的发射情景。可以看到顶部有供宇航员乘坐的太空舱。

© 维珍银河

维珍银河用像飞机一样的母舰将火箭携带到空中，然后发射火箭。这是为了减少重力的影响。

蓝色起源和维珍银河的宇宙飞船与 SpaceX 不同，它们并不着眼于将宇航员和物资运送到空间站，而是专注于利用自主研发的火箭、宇宙飞船和太空胶囊招募太空旅行者。

除此之外，还有许多企业对太空感兴趣，开发了独特的概念和技术。

一些企业专注于发射小型卫星，一些企业计划开发商业空间站，还有一些企业致力于发展登陆月球和探索太空资源的技术，其中不少企业已经发射了自己的宇宙飞船。

©直觉机器

首个民间企业的月球着陆器

这是 2024 年 2 月美国直觉机器公司的"奥德修斯号"（Odysseus）月球着陆器从猎鹰 9 号火箭分离并着陆月球时的情景。虽然一条腿因故折断，但奥德修斯号最终成功登陆月球，成为首个由民间企业制造并成功登陆月球的飞船。

企业们为何对太空如此感兴趣？

显然是因为太空探索可以带来经济效益，用火箭发射人造卫星可以赚钱。

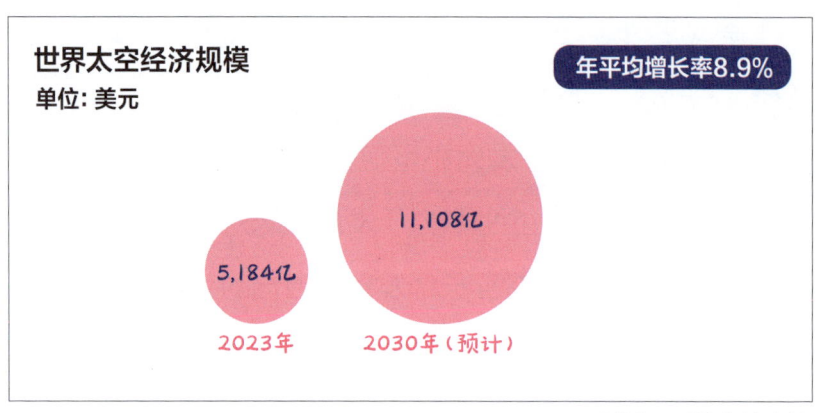

世界太空经济规模
单位：美元

年平均增长率8.9%

11,108亿

5,184亿

2023年　　2030年（预计）

然而，比眼前的收益更重要的是，只有率先开发出技术，才能在太空领域占据先机。

首先到达月球，才能掌握更多月球的信息，知道哪里可以开发，哪里可以找到资源！

埃隆·马斯克自不必说，专注于太空旅游业务的杰夫·贝索斯和理查德·布兰森也雄心勃勃地计划向月球和火星进军。

太空旅游业务实际上是积累太空探索技术的手段。

因此，为了比别人更早到达月球和火星，各大企业开始争先恐后地开发所需的技术。

很多人把现在的情况和第二次世界大战后民营企业开始参与航空事业时的情景作对比。

第二次世界大战后，民营企业进军航空领域，竞争开始，客机市场随之开放，航空技术因此得以快速发展。

同样，随着民营企业参与太空探索，竞争加剧，人们希望通过这种激烈的竞争，推动太空探索技术的飞跃式发展。

这样一来，人类进入太空不就变得更加容易了吗？

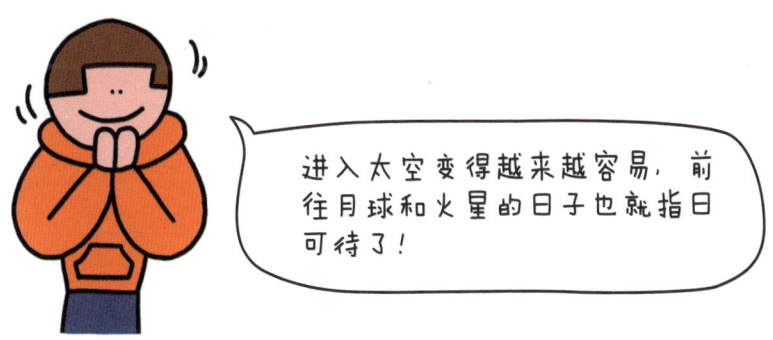

进入太空变得越来越容易，前往月球和火星的日子也就指日可待了！

随着民营企业加入太空探索，太空探索逐渐演变成了太空产业，成为经济竞争的领域。

然而，太空探索仍然需要全球科学家的合作与协同。

在这种合作与协同的基础上，科学家们正在探索太阳系以外更深远的宇宙。

他们是如何研究的？又了解到了什么呢？

让我们来看看迄今为止科学家们所揭示的宇宙面貌吧。

哈勃与詹姆斯·韦布

前往深空的太空探险者们

哈勃和詹姆斯·韦布的共同点

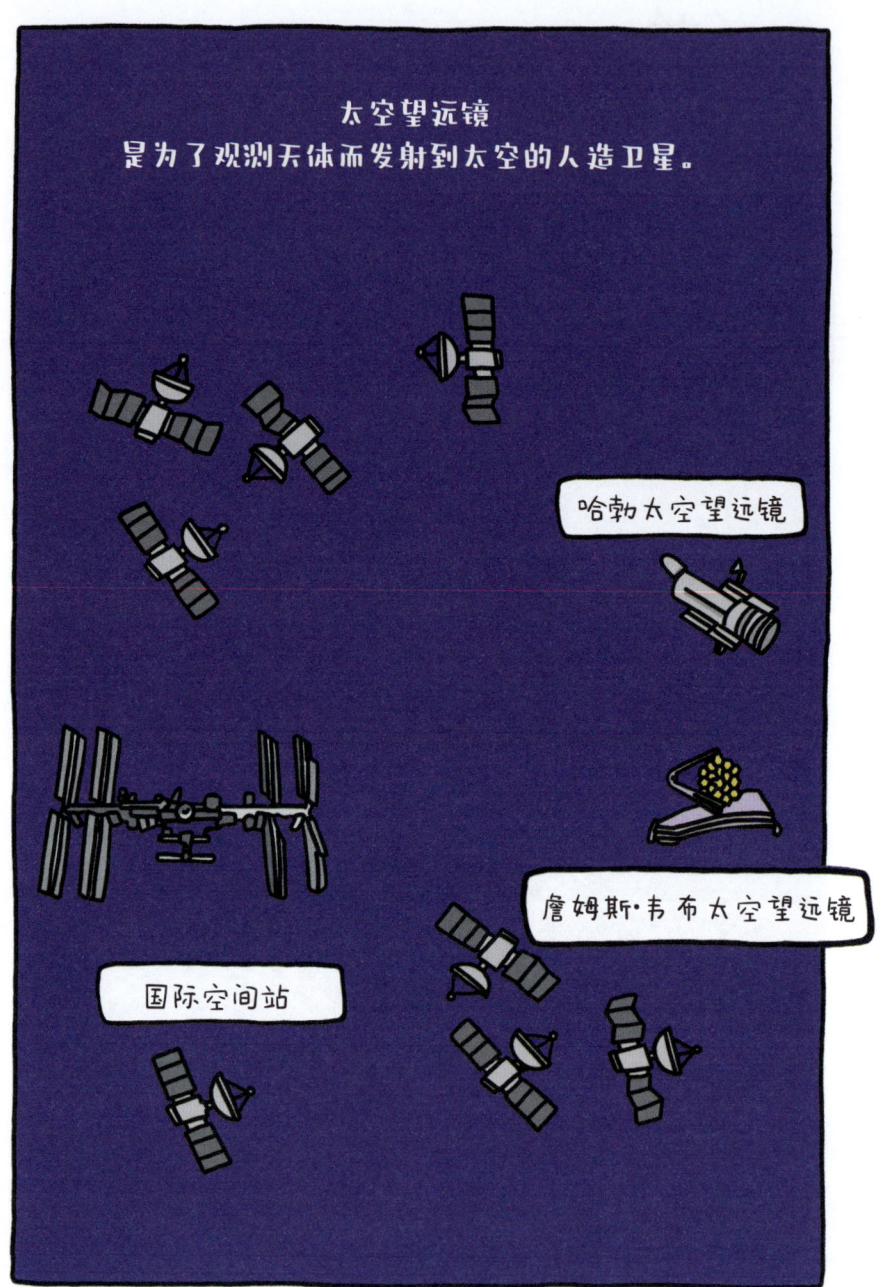

太空望远镜
是为了观测天体而发射到太空的人造卫星。

哈勃太空望远镜

国际空间站

詹姆斯·韦布太空望远镜

望远镜是一种光学仪器，可以帮助我们看到遥远的地方。

陆地！是陆地！

1609 年，伽利略用自制的望远镜观测天空，开启了观测天体的先河。

木星也有卫星，不是所有的天体都绕着地球转动！

从那以后，科学家们利用望远镜进行天体观测，这种望远镜被称为天文望远镜。

没有天文望远镜，就无法进行天体观测！

正是因为天文望远镜的出现，天文学得以飞速发展。哈勃通过天文望远镜，确认了河外星系的存在。

仙女座星系在我们的银河系之外！我们的银河系之外还有其他星系！

埃德温·哈勃
(1889—1953)

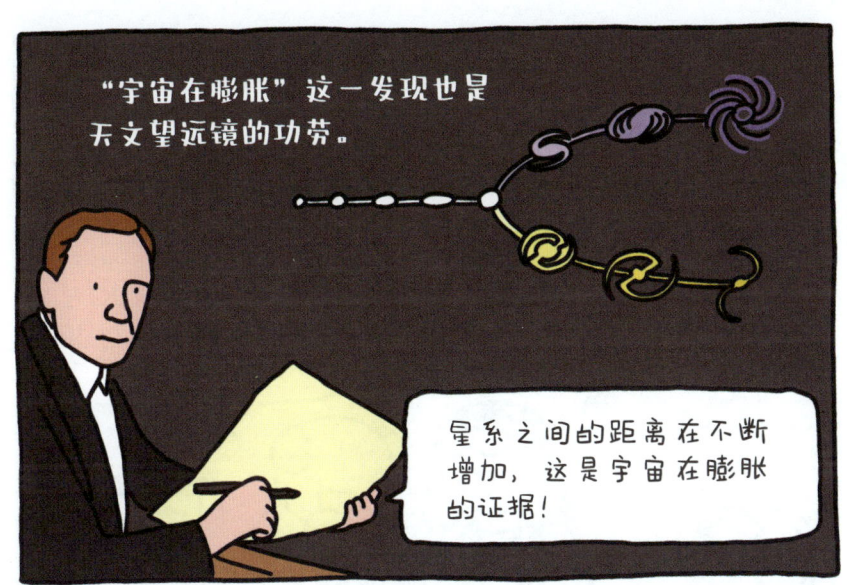

"宇宙在膨胀"这一发现也是天文望远镜的功劳。

星系之间的距离在不断增加，这是宇宙在膨胀的证据！

哈勃的这两大发现彻底改变了人类对宇宙的认知！

"宇宙在膨胀，哈勃的宇宙膨胀说得到确认。"

"无法估量的宇宙，我们的银河系之外还有其他星系！"

我们对宇宙的了解实在太少了！

宇宙居然在膨胀！

以前我们以为银河系就是整个宇宙。

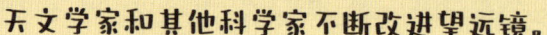

天文学家和其他科学家不断改进望远镜。

我们只能看到可见光，但光还有红外线、紫外线、X射线等。如果利用这些光制造望远镜，就能获得更多的宇宙信息。

不仅如此，如果制造出能观测和记录天体辐射能量的望远镜，就能更多地了解天体。

他们还将望远镜安装在了天文台上。

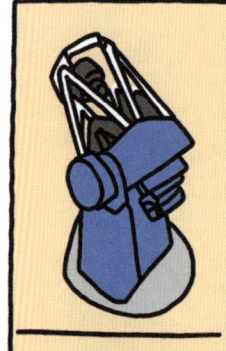

韩国
普贤山天文台
光学望远镜

瑞典
欧洲南方天文台
亚毫米波望远镜

世界上最大的射电望远镜，中国的天眼。
正式名称为500米口径球面射电望远镜（FAST）

随着发射人造卫星技术和登月技术的发展，
科学家们产生了这样的想法：

如果我们能把天文望远镜发射到太空，就更好了。

确实，这样可以解决地球大气层带来的各种问题，获得更清晰的图像。

1990 年，人类首次将天文望远镜送入太空！

为了纪念帮助人类观测太空的伟大的天文学家哈勃……

这台天文望远镜被命名为"哈勃太空望远镜"！

啊哈！那么詹姆斯·韦布也是天文学家吗？

詹姆斯·韦布不是天文学家，也不是科学家。他是军人出身，曾担任 NASA 的第二任局长，对太空探索的发展做出了巨大贡献。

虽然苏联比我们先发射了人造卫星，但我们肯定会先登上月球！

那么，请给我们拨款！

詹姆斯·韦布
（1906—1992）

在宇宙飞船爆炸事故后，人们情绪低落时，詹姆斯·韦布鼓舞了研究人员。

我知道你们很难过，但如果我们一直沉浸在悲伤中，那些先行者的梦想又由谁来实现呢？

所以，哈勃和詹姆斯·韦布都是对太空探索产生重大影响并做出巨大贡献的人，他们的名字被用来命名太空望远镜，这是他们的共同点！

没错！

但是将天文望远镜发射到太空，究竟对太空探索有什么帮助呢？

这是个很好的问题！

我问问题可真有一套！

跟我来，我会详细告诉你！

哈勃和詹姆斯·韦布给我们展示的宇宙

哈勃太空望远镜在近地轨道上运行，约每95分钟绕地球一圈，帮助科学家们观测太空。

得益于此，我们了解了许多宇宙的奥秘。

哈勃发现了宇宙在膨胀，离地球越远的星系，远离地球的速度越快。

通过哈勃太空望远镜，科学家们能够准确测量星系间的距离和这些星系远离地球的速度。

正是因为有哈勃太空望远镜帮助科学家们精密地观测宇宙，他们才可以精确计算出天体在单位时间内的运动距离。

修理哈勃太空望远镜的宇航员们

哈勃太空望远镜于20世纪70年代由美国国家航空航天局（NASA）和欧洲航天局（ESA）共同计划和研究。尽管由于预算问题，哈勃太空望远镜直到1990年才得以发射。

© 美国国家航空航天局

了解星系间的距离和它们远离地球的速度，就能计算出宇宙的膨胀速度。

掌握宇宙膨胀速度，就可以推测出宇宙膨胀了多长时间，从而计算出宇宙的年龄。

通过这一过程，科学家们得知宇宙的年龄约为138亿年！

138亿年前发生了大爆炸，由此形成了宇宙。

哈勃太空望远镜还揭示了宇宙中存在无数星系的事实。

1995 年，科学家们将哈勃太空望远镜对准看似空无一物的漆黑宇宙。

　　许多人认为此举毫无意义，因为在他们眼中，太空中是一片空白。

　　可结果是，太空并非一片空白！

　　看似空无一物的宇宙中藏着无数个星系！

© 美国国家航空航天局

哈勃超深空（Hubble Ultra Deep Field）

　　当哈勃太空望远镜对准看似空无一物的极小宇宙空间，并通过超长曝光成像后，科学家发现其中包含着成千上万个遥远星系。这些区域被称为"哈勃超深空""哈勃超深空场"等。

通过研究星系发出的光，可以推测星系的年龄。

科学家们发现宇宙大爆炸后几亿年开始形成星系。

此外，他们还通过研究年轻、中年和老年的星系，来观察星系的诞生、变化和成长过程。

哈勃太空望远镜还证实了黑洞的存在。

黑洞是由具有巨大质量的恒星坍缩形成的，拥有强大的引力，能够吸引所有物质甚至光。

因此，黑洞本身无法被望远镜直接观测到。

然而，黑洞周围常常会发生高温气体和尘埃旋转并被吸入黑洞的现象，这时会形成发光的吸积盘。

有时黑洞还会迅速喷射大量的物质和辐射，形成强大的喷流。

哈勃太空望远镜观测到这些吸积盘和喷流，证明了黑洞的存在。

© 美国国家航空航天局

哈勃太空望远镜的作品

左边的照片展现了由于看不见的物质而使光线弯曲的引力透镜效应。你看到了弯曲的光线吗？右边的照片是哈勃太空望远镜拍摄的最著名的作品之———鹰状星云（M16）中的创生之柱 (Pillars of Creation)。这片距离地球约 7,000 光年的鹰状星云是众多恒星的诞生地，因此被称为"恒星的孵化场"。通过研究这个"孵化场"，科学家们了解了恒星是如何诞生和成长的。

哈勃太空望远镜让人们认识到了太空望远镜的必要性和重要性。

因此，科学家们开始研发其他太空望远镜，詹姆斯·韦布太空望远镜就是其中之一。

詹姆斯·韦布太空望远镜利用红外线观测宇宙，红外线可以探测到更远的地方。其主镜的聚光面积比哈勃太空望远镜的大很多，因此能够获得比哈勃太空望远镜更清晰的图像。

科学家们希望通过詹姆斯·韦布太空望远镜，观察恒星和星系的形成过程，揭示最初的恒星和星系是如何诞生的。

詹姆斯·韦布太空望远镜

詹姆斯·韦布太空望远镜于 2021 年 12 月 25 日发射，目前在距离地球约 150 万千米的第二拉格朗日点（Lagrangian point,L2）轨道上运行。

拉格朗日点又称平动点，即一个小物体在两个大物体的引力作用下，在空间中的一点，小物体相对于两个大物体基本保持静止。因此，詹姆斯·韦布太空望远镜的观测环境比哈勃太空望远镜更加稳定，可以不受妨碍地观测太空。

科学家们还希望通过詹姆斯·韦布太空望远镜观测早期宇宙。

詹姆斯·韦布太空望远镜能够观测到距离地球135亿光年的星系，探索外星生命和生命起源也是它的主要任务之一。

© 美国国家航空航天局

恒星诞生的场景

　　这是詹姆斯·韦布太空望远镜拍摄的距离地球约 7,600 光年的船底座星云中恒星形成的景象。

　　科学家们通过哈勃太空望远镜，分析行星的大气，寻找适合生命生存的地方。

　　而詹姆斯·韦布太空望远镜将会寻找更多这样的行星，并进行深入观察。

　　事实上，除了哈勃太空望眼镜和詹姆斯·韦布太空望远镜，还有许多太空望远镜在执行任务，只是哈勃太空望远镜和詹姆斯·韦布太空望远镜最为著名。

　　未来，还会有更多的太空望远镜被发射到太空。

究竟哪台太空望远镜会成为哈勃太空望远镜和詹姆斯·韦布太空望远镜的继任者呢？真令人好奇。

旅行者号探测器现在在哪里？

　　科学家们不仅发射卫星、宇宙飞船和太空望远镜，还将探测器送入太空。

　　探测器是用于探测月球、火星等天体的航天器。

　　阿波罗 11 号以及阿波罗系列后续的其他宇宙飞船都是载人探测器。

　　然而，无人探测器的数量远远超过载人探测器！

　　因为在遥远的太空中，一切都无法预料，而且距离太远，探测器可能无法返回，所以科学家们更多地利用无人探测器进行太空探索。

　　人类首次发射的无人探测器的目的地是月球。

　　随后，无人探测器被送往太阳及太阳系的多个天体。

飞往太空的主要探测器（年份为发射年份）

金星

水手2号（美国）	1962年	首次
金星3号（苏联）	1965年	首次到达表面
水手5号（美国）	1967年	大气测量
金星7号（苏联）	1970年	软着陆
麦哲伦号（美国）	1989年	地质和大气探测
拂晓号（日本）	2010年	大气调查

太阳

帕克太阳探测器（美国）	2018年	首次
太阳轨道飞行器（欧洲航天局、美国）	2020年	极地探测

月球

月球1~3号（苏联）	1959年	地球和月球探测
月球9号（苏联）	1966年	首次着陆
月球16号（苏联）	1970年	采集月球样品后返回
月亮女神号（日本）	2007年	探索月球起源和进化过程
嫦娥一号（中国）	2007年	月球轨道飞行和探测
月船1号（印度）	2008年	轨道飞行312天
嫦娥三号（中国）	2013年	着陆（继美苏后第三个）
嫦娥四号（中国）	2018年	首次月球背面着陆
创世纪号（以色列）	2019年	民间机构首次月球探测
月船2号（印度）	2019年	搭载机器人，着陆失败
嫦娥五号（中国）	2020年	采集月球样品后返回
赏月号（韩国）	2022年	月球表面观测
月船3号（印度）	2023年	首次月球南极附近着陆
SLIM（日本）	2023年	着陆

水星

水手10号（美国）	1973年	首次
信使号（美国）	2004年	进入水星轨道
贝皮科伦布号（欧洲航天局、日本）	2018年	磁场和大气分析

木星

先驱者10号（美国）	1972年	首次
伽利略号（美国）	1989年	木星及其卫星探测
朱诺号（美国）	2011年	木星的形成和演化探索

火星

水手4号、6号和7号（美国）	20世纪60年代	表面拍摄
水手9号（美国）	1971年	绘制火星表面地图
火星3号（苏联）	1971年	首次软着陆
海盗1号和2号（美国）	1975年	着陆后数年内收集微生物存在的证据
火星探路者号（美国）	1996年	火星探测车着陆并收集数据
勇气号和机遇号（美国）	2003年	寻找水的痕迹，勇气号探测到2011年，机遇号探测到2019年
好奇号（美国）	2011年	探索地质、气候、生命存在的证据
曼加里安号（印度）	2013年	表面拍摄、收集大气数据
ExoMars（欧洲航天局、俄罗斯）	2016年	着陆并收集大气
希望号（阿联酋、美国）	2020年	筹备2117年"火星战略"
天问一号（中国）	2020年	搭载祝融号火星探测车
毅力号（美国）	2020年	首次搭载动力飞行器

彗星及小行星

乔托号（欧洲航天局）	1985年	探测哈雷彗星，接近格里格-斯基勒鲁门普彗星
隼鸟号（日本）	2003年	探测丝川小行星
罗塞塔号（欧洲航天局）	2004年	首次着陆67P彗星（楚留莫夫-格拉希门克彗星）
深度撞击号（美国）	2005年	通过与坦普尔1号彗星的碰撞了解彗星的组成
新视野号（美国）	2006年	探测矮行星冥王星
隼鸟2号（日本）	2014年	首次采集小行星物质
DART（美国）	2021年	应对小行星可能撞击地球的情况

土星

先驱者11号（美国）	1973年	探测木星后进入土星轨道
卡西尼-惠更斯号（欧洲航天局、美国）	1997年	探测土星及其卫星

在众多探测器中，目的地最远的是为了探索太阳系外行星而飞向太空的"旅行者（Voyager）1号"和"旅行者2号"。

"旅行者1号"和"旅行者2号"是"双胞胎"宇宙飞船，于1977年发射。

"旅行者1号"于1977年9月5日发射，在1979年经过木星时详细拍摄了木星及其卫星。

它还发现了木星的卫星——木卫一的火山活动。

此外，它还提供了有关木星大气和磁场的详细数据。

© 美国国家航空航天局

飞出太阳系的"旅行者1号"

"旅行者1号"的主要任务之一是探索土星及其卫星，预计寿命约5年。

然而，它在运行了5年后仍然持续活动，并于2012年离开太阳系，进入深空。

"旅行者 2 号" 在比 "旅行者 1 号" 稍早的 1977 年 8 月 20 日发射。

　　1981 年经过土星时，"旅行者 2 号" 发现了土星最大的卫星——土卫六拥有浓密的大气层。

　　1986 年经过天王星时，它发现了天王星的 10 颗卫星，以及天王星的两个环。

　　1989 年经过海王星时，它发现了 "大黑斑"，并揭示了海卫一上有间歇泉。

　　间歇泉是指岩石层中的水因热和压力向上喷涌而形成的温泉，这种温泉每隔一段时间喷发一次。

　　"旅行者 2 号" 于 2018 年也离开了太阳系，向更遥远的宇宙进发，并继续为人类传送关于太阳系外空间的数据。

　　目前，"旅行者 1 号" 约以每天 147 万千米的速度（时速约 61,000 千米），"旅行者 2 号" 约以每天 133 万千米的速度（时速约 55,000 千米），继续远离太阳。

　　截至 2024 年 1 月底，"旅行者 1 号" 距离太阳约 243 亿千米，而 "旅行者 2 号" 则稍近一些，在距离太阳约 203 亿千米远的地方。

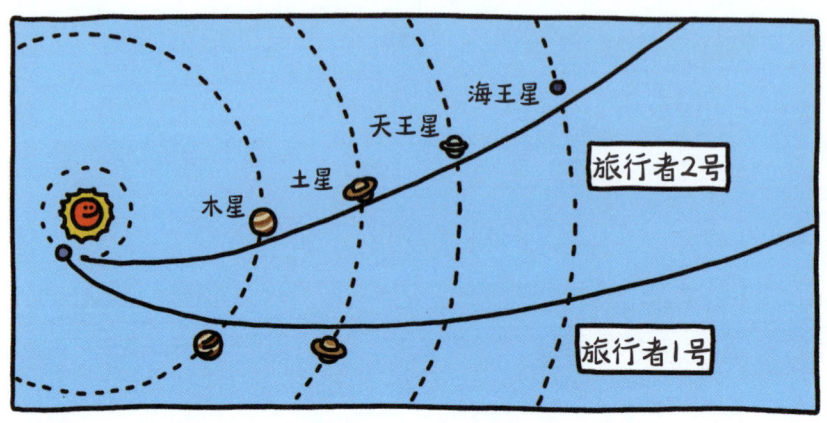

"旅行者1号""旅行者2号"的轨迹

"旅行者2号"比"旅行者1号"先发射的原因与任务规划、行星排列及轨道设计密切相关。

虽然距离如此遥远，"旅行者1号"和"旅行者2号"依然与地球保持着通信。

它们不断将收集到的数据传送回来，持续为太空探索做出贡献。

金唱片与卡尔·萨根

　　"旅行者1号"和"旅行者2号"上载有一种特殊的装置，叫作旅行者金唱片（Voyager Golden Record）。

　　这是一个直径12英寸（约30厘米）的铜盘，表面覆盖了一层金箔，所以被称为金唱片。

　　"旅行者1号"和"旅行者2号"还配备了与唱片配套的播放器。

　　为什么要在飞向太空的探测器上装载唱片和播放器呢？

　　这是为遇见外星人做准备，让茫茫宇宙中的其他智慧生命知道我们的存在。

旅行者金唱片的内容

分类	内容
地球之声	– 海浪声、风声、雷声、动物声（包括鸟和鲸鱼的叫声）等各种自然的声音 – 从巴赫和贝多芬的古典作品到世界各个文化圈的传统音乐等代表各种文化和时代的音乐 – 美国第 39 任总统吉米·卡特和联合国第 4 任秘书长库尔特·瓦尔德海姆关于和平与希望的讯息 – 55 种语言的问候语：英语、中文、韩语等
图片	– 展示地球生命和文化多样性的图片，包括人类、动物、植物、风景的图片，以及科学和数学概念、人类解剖学等图片
科学信息	– 使用脉冲星地图数据编码的太阳系和银河系内地球位置的信息 – 以图片形式整理的科学、数学定义和物理原理 – 地球上使用的符号 – 人体的简要解剖图 – 关于 DNA 的信息 – 二进制和十进制系统

© 美国国家航空航天局

"旅行者 1 号"和金唱片

这张唱片的策划者是美国天文学家卡尔·萨根，他以著作《宇宙》而闻名。《宇宙》被认为是最优秀的科学著作之一。

在 1990 年 2 月，"旅行者 1 号"经过海王星时，策划金唱片的卡尔·萨根建议<mark>将"旅行者 1 号"的相机转向地球</mark>。

因此，"旅行者 1 号"的相机捕捉到了地球的影像。

然而，这次的地球影像并不是我们所熟知的美丽的<mark>蓝色球体</mark>，而是小到几乎像尘埃，甚至只是一个斑点。

卡尔·萨根将这样的地球称为<mark>"暗淡蓝点"</mark>。

"旅行者 1 号"最后拍摄到的地球影像

这张地球图像，即"暗淡蓝点"，是"旅行者 1 号"在 1990 年 2 月 14 日拍摄的。这是"旅行者 1 号"飞出太阳系前拍的最后一张照片。

卡尔·萨根难道不知道，在"旅行者1号"经过海王星时拍摄地球，会让地球显得如此渺小吗？他肯定是知道的。

那么，卡尔·萨根究竟是出于什么想法要捕捉这样的地球影像呢？

卡尔·萨根想让人们明白，我们生活的地球在宇宙中不过是一个微小而脆弱的点。

他希望通过"暗淡蓝点"启发人类，以谦逊的态度来看待人类在宇宙中的位置。

这样一来，很多人就会意识到，至今为止所有的人类，人类所有的喜怒哀乐，人类所创造的所有的文明和冲突，都是在这暗淡的蓝点上发生的。

而我们有责任关爱彼此，并且共同保护我们的地球家园。

正如卡尔·萨根所愿，这个看起来像"暗淡蓝点"的地球打动了许多人。

很多人因此意识到，即使广阔如地球，在宇宙中也不过是尘埃。

而生活在地球中的我们，无论多么自命不凡，也不过是尘埃中的更渺小的尘埃而已。

尘埃中的尘埃彼此争斗，妄图统治他人，拥有更多，这显得多么可笑和无意义。

这正是卡尔·萨根想通过"暗淡蓝点"带给我们的启发。

DR. C. SAGAN

© 美国国家航空航天局

卡尔·萨根

卡尔·萨根不仅仅是一位科学家，他还是相信教育力量和科学素养重要性的先知。除了《宇宙》，他还写了《伊甸园的飞龙》等20多本书籍，他也是电影《超时空接触》的原著《接触》的作者。

即使在今时今日，许多科学家仍在致力于开发探索太空所需的技术。

一方面，即使不是科学家，也有很多人怀抱着有朝一日揭开宇宙秘密的梦想。

然而，另一方面，有些人对太空探索毫无兴趣，甚至质疑为何要进行太空探索。

如果有人问，我们为什么要进行太空探索，你会如何回答呢？

让我们一起来寻找这个问题的答案吧。

太空探索，非做不可吗？

太空与人类

啊，好担心！

太空探索需要花费多少钱？

看到在宇宙飞船爆炸中殉难的宇航员，有些人会说……

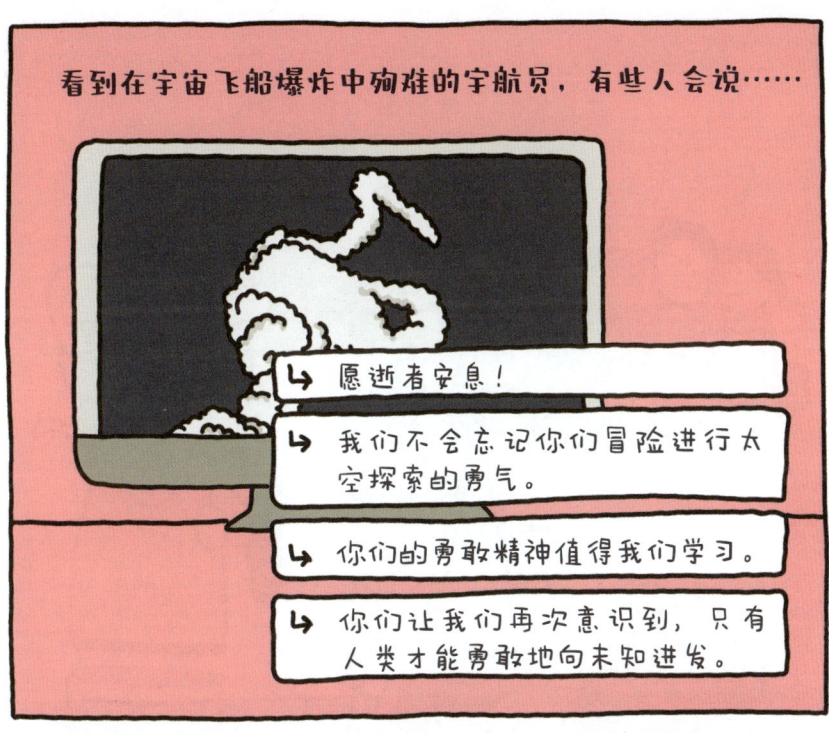

但也有些人会这样说……

还有许多人对花钱进行太空探索不满，认为当下有很多亟待解决的问题。

按领域划分的太空探索预算（单位：亿美元）

运输 740（39%） 1030（36%）
轨道 410（22%） 590（20%）
天文学和天体物理学 380（20%） 480（17%）
月球探索 80（4%） 370（13%）
火星探索 129（7%） 230（8%）
深空探索 141（8%） 170（6%）

蓝色柱 2012—2021 年
红色柱 2022—2031 年

2870亿美元?

折合人民币约20,779亿元。

这笔钱足够给全非洲的儿童在4个月期间每天提供两顿饭的食物。

并不是所有的非洲儿童都面临饥饿问题……所以，用于太空探索的费用，足够让吃不饱饭的非洲儿童一整年都不用担心挨饿!

476.9 亿美元

0.21%

美国

不过实际上，太空探索并没有花费那么多钱。左图显示了2020年美国在太空探索领域的预算。0.21%是太空探索费用在GDP中所占的比例。美国的占比居于世界首位。

GDP（Gross Domestic Product）是国内生产总值。

美国的占比是最高的！但GDP是什么？

GDP是一个国家在一年内生产的所有服务和商品的总金额。但是，即使是在太空探索领域花费最高的美国，花费的金额也仅占GDP的0.21%。也就是说，如果生产了价值100万元的服务和商品，那么就有约2100元用于太空探索。

人类能在地球上继续生存吗?

你知道恐龙为什么灭绝吗?

学界对此有很多假说,其中最有力的假说是<mark>巨型陨石撞击说</mark>:一颗直径大约 10 千米的小行星撞击在现在的墨西哥尤卡坦半岛北部的加勒比海。

© 美国国家航空航天局

6,600 万年前的地球统治者 恐龙的化石

这是科学家们在戈壁沙漠发掘恐龙化石的情景。

戈壁沙漠横跨中国和蒙古,以出土大量的恐龙化石而闻名。

当巨型陨石落入海中时，其冲击造成了巨大的海啸。

因此，许多生物瞬间丧命。

但这只是个开始。

巨型陨石撞击地球后，地球各处火山爆发、地震频发，地球因此变成了一片火海。

即便勉强熬过了这场大火，大多生物也难逃一死。

由于大火，地球大气充满了尘埃和二氧化硫，这些尘埃和二氧化硫遮蔽了阳光。

地球开始冰封。

想想都让人觉得恐怖！

真正的死亡从这时才开始。

由于严寒，植物无法生长，以植物为食的食草动物找不到食物，只能饿死。

食草动物消失了，食肉动物自然也会饿死。

在这个过程中，恐龙受到的打击最大。

因为它们体形巨大，每天需要摄入大量食物，而食物链的突然断裂使它们无法维持基本代谢。

最终，大多数恐龙从地球上消失了。

这次事件被称为第五次生物大灭绝或 K-Pg 灭绝（白垩纪 - 古近纪灭绝）。

有存活下来的恐龙后代吗？

鸟类是唯一在白垩纪末大灭绝事件中幸存并延续至今的恐龙后裔。现代研究证实，鸟类属于兽脚亚目恐龙中的手盗龙类（如迅猛龙的近亲），而非蜥臀目下的所有类群均灭绝。暴龙和伤齿龙虽同属兽脚亚目，但与鸟类的直系祖先属于不同演化分支，且均在白垩纪末灭绝。

是不是很奇怪？既然有第五次生物大灭绝，那就意味着还有第一次到第四次生物大灭绝吧？

没错！在地球约 46 亿年的历史中，曾发生过五次生物大灭绝。

地质年代和五次生物大灭绝

宙	代	纪	大灭绝	标准化石	生物界的历史
显生宙	新生代	第四纪	第五次	猛犸象	古人类出现
		第三纪（古近纪、新近纪）		有孔虫	哺乳动物、被子植物繁盛
	中生代	白垩纪		始祖鸟、恐龙、菊石	被子植物大量出现
		侏罗纪	第四次		爬行动物、裸子植物繁盛
		三叠纪	第三次		哺乳动物出现
	古生代	二叠纪		纺锤虫	裸子植物出现
		石炭纪	第二次		爬行动物大量出现，蕨类植物繁盛
		泥盆纪		三叶虫	鱼类繁盛
		志留纪			陆生生物出现
		奥陶纪	第一次	牙形石 / 甲胄鱼	牙形石类繁盛
		寒武纪			三叶虫出现
元古宙		前寒武纪		埃迪卡拉动物群	海藻、单细胞生物出现
太古宙				叠层石	

地球46亿年的历史可以根据发生的大规模地壳变动进行划分（如上表所示）。然而，在这46亿年的历史中，前寒武纪占了近41亿年。因为时间太过久远，我们对这一时期的了解非常有限。我们仅对古生代及之后约5亿年的历史有一些模糊的认识。

第一次生物大灭绝发生在约 4 亿 4500 万年前，当时约 85% 的生物灭绝。

第二次生物大灭绝发生在 3 亿 7000 万年前至 3 亿 6000 万年前，历时约 1000 万年。在此期间，约 70% 的生物灭绝。

第三次生物大灭绝发生在约 2 亿 5100 万年前，是地球历史上最严重的一次生物大灭绝。甚至连在第一次和第二次生物大灭绝中幸存下来的三叶虫也在此时灭绝。

第四次生物大灭绝发生在约 2 亿年前，即中生代三叠纪末期。

此时，许多古老的爬行动物灭绝，恐龙、翼龙和鳄鱼的时代也由此开始。

为什么会发生这样的生物大灭绝呢？

科学家认为生物大灭绝的原因主要有两个。

一个是地球上的地质活动和气候变化。

地球的面貌并非从一开始就如现在一样，而是经过无数次地壳运动（会造成地震和火山爆发等）形成的。

地震和火山活动对地球气候产生了巨大影响。

例如，第三次生物大灭绝时，长达 100 万年的火山爆发使得火山灰和二氧化碳大量释放，导致温室效应，地球温度急剧上升。

第四次生物大灭绝也被认为是由火山活动引起的。

另外一个原因是地球之外的现象对地球造成的影响。

例如导致恐龙灭绝的第五次生物大灭绝就归因于巨大陨石撞击。

科学家们还认为，第一次和第二次生物大灭绝可能是由于超新星爆炸或伽马射线暴引起的。

这些事件导致地球温度急剧下降，造成大量生物灭绝。

超新星爆炸是恒星生命终结时发生的巨大爆炸，爆炸时会释放出大量光和辐射。

即使在距离地球 25 光年的范围内发生超新星爆炸，有害辐射也会到达地球，破坏地球的臭氧层，对生物和生态系统造成巨大破坏。

伽马射线暴则是由超新星爆炸或中子星之间的碰撞引起的，伽马射线从比较近的距离射向地球时，也会对地球大气和生物造成致命影响。

科学家们认为可能还发生过更多的生物大灭绝事件，并且未来可能会再次发生。

地震和火山爆发等地壳运动至今仍在活跃，地球在宇宙中只是一个"暗淡蓝点"。

如果再次发生大灭绝，我们可能会面临与恐龙相同的命运。

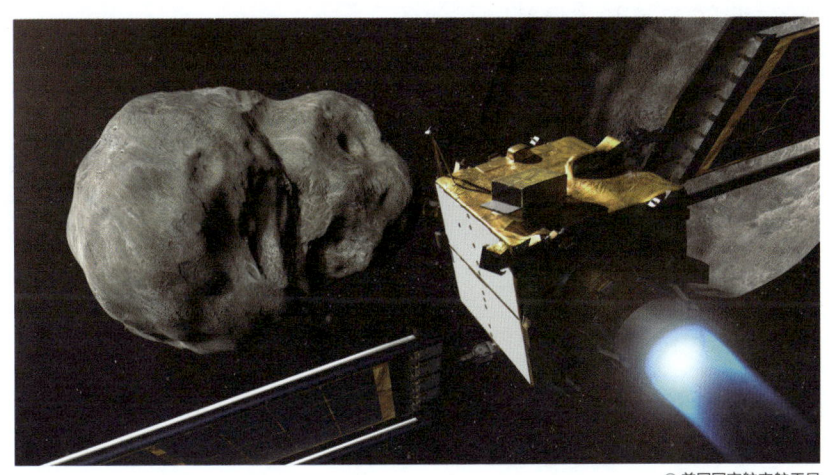

© 美国国家航空航天局

双小行星重定向测试（DART）探测器想象图

除了超新星爆炸和伽马射线暴之外，还有很多可能给地球带来危机的宇宙现象，比如小行星或彗星的撞击、银河宇宙线、黑洞等。为此，科学家们在观测宇宙的同时，也在努力寻找解决问题的方法。为了检验是否能通过撞击改变小行星的方向而发射的 DART（Double Asteroid Redirection Test) 探测器就是这些努力中的一部分。

万幸的是，生物大灭绝是逐渐发生的，通常历时数十万至数百万年，甚至可能长达千万年。

在地球的历史上，这只是一瞬间，但对人类而言，却是非常漫长的时间！

漫长到足够让我们找到生存的方法。

那么，我们的生存方法是什么呢？

我们需要时刻监测小行星、彗星、超新星、伽马射线等对地球的威胁。

因此，科学家们为了观测宇宙将望远镜发射到了太空。

这样可以找出是否有小行星等正飞向地球，或者是否有超新星在地球附近爆炸。

为了找到可以居住的星球，科学家们还将探测器送上月球、火星及更遥远的太空。

即使暂时无法居住，我们也在寻找可以将它们改造成适宜居住的星球的方法。

这样，当生物大灭绝再次来临时，我们就可以逃离地球，开始新的生活。

© Mario Hoppmann

另一个引发生物大灭绝的原因

随着人类成为地球的主宰，生物大灭绝的原因又增加了一个。我们造成的环境污染引起的气候变化，也可能引发物种大灭绝。如果按照目前的趋势发展下去，全球变暖将导致许多生物消失。尤其是永冻层融化后，海平面将上升数米，巨大危机将随之而来。到那时，我们可能真的需要离开地球。

再加上人类对地球资源的不断消耗，导致能源、矿物等资源逐渐枯竭。

尤其是在资源枯竭问题严峻的同时，如果太阳能、风能等可再生能源技术没有突破性的发展，那么，地球的能源将在 100 年内耗尽。

各类资源可供开采的预计时长

目前，我们的主要能源仍是石油、煤炭和天然气等化石燃料。这些化石燃料不仅是全球变暖的主要原因，而且可用的量也所剩无几。核能发电所需的铀，如果不进行再处理，可使用时间也不超过 100 年。

但是进入太空可以解决资源问题！

太空中可以获得的代表性资源就是氦 –3。

氦 –3 具有作为核聚变发电燃料的潜力。

而且，氦 –3 比其他资源产生的放射性废物更少，还能产生大量能量，是一种清洁且高效的能源。

据估计，月球上存在 100—500 万吨的氦-3，足够全世界使用 500 年。

太空中不仅有能源，还有电子产品、航空航天领域必需的稀土金属、铁、镍、钴等工业资源，甚至能找到铂金和黄金等贵金属。

探索月球、火星等卫星、行星和小行星，正是为了寻找这些资源。

太空探索是为了提前应对地球可能面临的生物大灭绝危机和解决地球资源枯竭问题而进行的人类生存之道的探索。

促进科学发展的太空探索

科学是指以发现和解释事物现象的普遍原理和规律为目的的知识体系或学问。

通过渗透压原理解释为什么手指长时间浸在水中会起皱，将风解释为由于气体温度差异而产生的对流现象，这些都是科学。

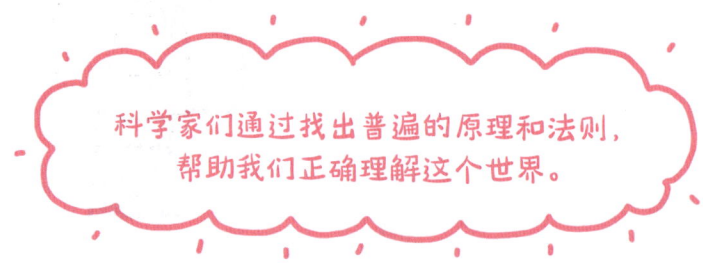

科学家们通过找出普遍的原理和法则，
帮助我们正确理解这个世界。

我们来看看伽利略（1564—1642）的例子吧。

在伽利略生活的时代，人们相信地球是宇宙的中心，所有天体都围绕地球运转，这就是地心说。

但是伽利略通过自己开发的望远镜发现，木星也有卫星，这些卫星都围绕木星运转。

此外，金星也像月亮一样有新月、上弦月、满月、下弦月的盈亏变化，这表明金星也在绕太阳运转！

通过这些研究和发现，伽利略批判了地心说，提出了日心说。

伽利略是第一个使用望远镜进行天体观测的科学家，天体观测是太空探索最基本的阶段。

自伽利略以后，科学家们通过天体观测发现了宇宙在膨胀，银河系外存在其他星系。

科学家们还了解到恒星有诞生、成长和死亡的过程。

他们还计算出了地球、太阳以及其他天体的运行轨道和运行速度。

天文学和天体物理学的发展由此正式开始。

这一切使得我们能够发射人造卫星、宇宙飞船和探测器。

试想一下，如果我们不知道水星、金星、火星和木星的运行轨道和运行速度，又如何能发射探测器呢？

天体观测是太空探索的起点，
也是人类通向更遥远宇宙的指南。

随着人类进入太空，太空探索对科学的进步做出了巨大贡献。

通过太空探索，爱因斯坦（1879—1955）的广义相对论得到验证。

基于广义相对论，爱因斯坦还提出了测地线效应和参考系拖拽效应。

测地线效应指的是时间和空间因地球等大质量物体的存在而弯曲，物体在弯曲时空中沿测地线运动的现象。

参考系拖拽效应则是指旋转的物体（如行星、黑洞）会拖拽时空的现象。

尽管爱因斯坦提出了这些理论，但无法证实。

我提出广义相对论是在1915年，远早于人类开始太空探索。

但是在 2004 年，美国国家航空航天局开始了一项验证广义相对论的实验，精确地验证了爱因斯坦的广义相对论。

这使我们对引力有了更深的理解。

可以说，太空探索对物理学的发展做出了巨大贡献。

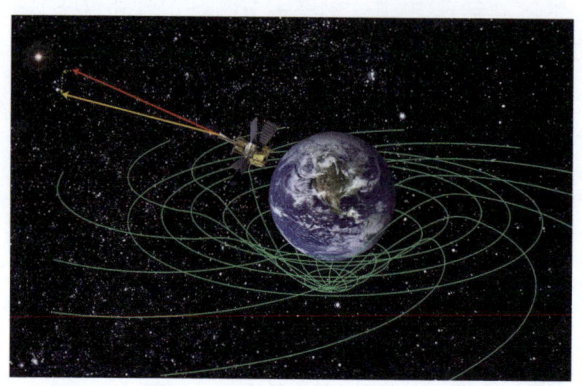
© Gravity Probe B

在太空中进行实验的引力探测器 B

通过引力探测器B的实验，我们前所未有地精确验证了测地线效应和参考系拖拽效应的存在。

太空探索不仅有助于物理学的发展，还对其他科学领域有帮助。

通过在太空中观察地球的气候和地质活动，推动了气象学、地质学、海洋学等地球科学领域的发展。

同时，对宇宙物质和生命体的探测，大大促进了化学和生物学的发展。

太空探索对机器人技术的发展也有巨大贡献。

空间站出现故障时，需要去空间站外进行修复。

以前，多由宇航员亲自出舱修理，但现在，越来越多的修复工作可以借助机械臂来完成。

前往火星的探测器上也配备了机器人，因为火星距离地球太远且环境恶劣，所以派机器人代替人类前往。

© 美国国家航空航天局

在太空中工作的机械臂

安装了Dextre机械手的加拿大2号（Canadarm2）机械臂正在国际空间站上进行作业。

像这样，为了太空探索而制造机器人，极大地推动了机器人技术的发展。

此后，机器人技术不仅用来进行太空探索，在我们的生活中也得到了广泛应用。

你也是太空探索的产物吗？

太空探索还对新材料的研究产生了巨大影响。

为了进行太空探索，需要开发能够承受强辐射、真空和极端温度等宇宙极端条件的新材料。

因此，用于宇宙飞船的隔热技术得到发展。

同时，为了在月球和火星上建立基地，轻便且坚固的新材料也在开发中。

这些新材料的应用还推动了地球上各种新产品的发明。

© 美国国家航空航天局

冻结的烟——气凝胶

气凝胶是一种用作隔热材料和捕捉宇宙尘埃粒子的物质。由于其轻盈的重量和外观，也被称为"冻结的烟"。气凝胶具有出色的隔热性能，能够以很小的体积提供出色的隔热效果。因此，它不仅是宇宙建筑所需的材料，还是地球多领域应用的材料，因为它具备节能效果。所以，太空探索对节能技术的发展也有帮助。

随太空探索而发展起来的众多技术中，通信技术是不可或缺的一部分。

为了在太空中实现顺畅的通信，卫星通信技术得到了发展，因此我们能够随时随地通过高清画面观看奥运会、世界杯等赛事。

利用全球卫星定位系统（GPS），我们可以在任何地方通过导航系统获得指引。

为了与深空通信，还需要发展信号处理技术，因此噪声消除和数据压缩技术得到了改善，这些改善的技术也直接应用到了手机网络和数据传输技术上。

太空探索对医学的发展也有帮助。

通过观察空间站上宇航员的骨密度变化，可以了解微重力对人体的影响。

基于这些知识，科学家们开发了有助于维持骨密度的药物。

这些药物对因骨密度降低而痛苦的老年人来说，是非常有用的治疗剂。

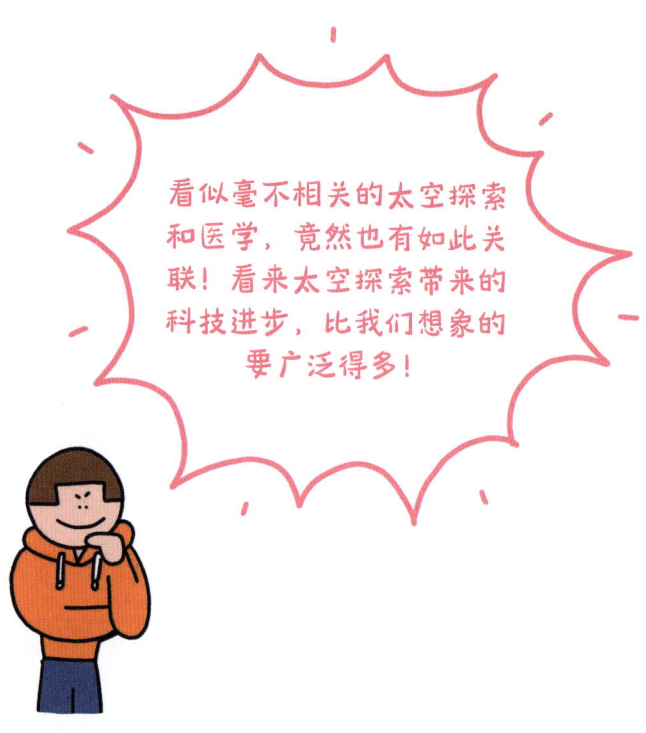

古老的问题

人类确实是一种特别的动物。

当看到弹跳的球时，狗和猫会好奇地跑过来。

人类的婴儿也是如此。

然而，像狗和猫这样的动物，只会停留在好奇的层面。

当看到弹跳的球时，无论是小狗还是狗妈妈，都只会跑过来看看"这是什么"。

但人类不同。

人类会先表现出好奇心，而后提出问题："为什么球会弹起来？"

然后，其中一些人会努力寻找问题的答案。

正是因为人类的好奇心和寻找答案的努力，科学才得以诞生。

在 2000 到 3000 年前，德谟克利特、泰勒斯、亚里士多德等希腊自然哲学家出现了。

随后，自然哲学逐渐分为科学和哲学两大领域，科学家开始通过发明和发现为人类的好奇心提供答案。

昼夜为何交替？		因为地球每天自转一圈。
季节为何变化？		因为地球倾斜着绕太阳公转。
物质不断分割会怎样？		最终将变成不可再分割的粒子。
水为何向下流？		因为地球引力将地表的所有物体向地心吸引。
婴儿是如何诞生的？		男性的精子与女性的卵子结合成受精卵，然后细胞分裂……

神是否存在？	人类是什么样的存在？
世界是如何诞生的？	人死后会怎么样？

对于这些问题，每个人都有不同的看法。

有人相信是神创造了一切，有人认为是宇宙大爆炸和生物进化创造了这个世界。

同样，对于人死后会怎样的问题，有人相信存在另一个世界，有人认为人死后会归于尘土。

这些古老的问题不仅是科学问题，也在哲学领域被探讨。

太空探索可以为这些古老的问题提供答案。

通过研究银河和恒星，寻找其中的生命体，我们可以揭示世界和生命体是如何诞生的。

这样，我们就能知道是否是神创造了世界和人类。

我们就能真正了解世界和人类的本质。

从这个角度看，太空探索是了解我们自己的旅程，也是为了正确理解世界所做出的努力。

通过那颗"暗淡蓝点"，我们意识到，地球，或者说我们自己，只是微不足道的尘埃，并从中学会了"谦逊"。

但如果我们这些尘埃能够真正理解宇宙的起源，正确了解自己是什么样的存在，不也是一件值得自豪的事情吗？

而拥有这种自豪感的尘埃，绝不会觉得自己的存在是孤独、虚无或无意义的。

太空探索让我们成为既谦逊又自豪的存在！

让我们进入更高阶！

看完本书，你对太空探索有了怎样的看法？
让我们用图形组织器来表达吧！

你认为太空探索是如何进行的呢？
尝试设定标准，将太空探索的历史分为三个阶段吧。

标准

第三阶段：

第二阶段：

第一阶段：

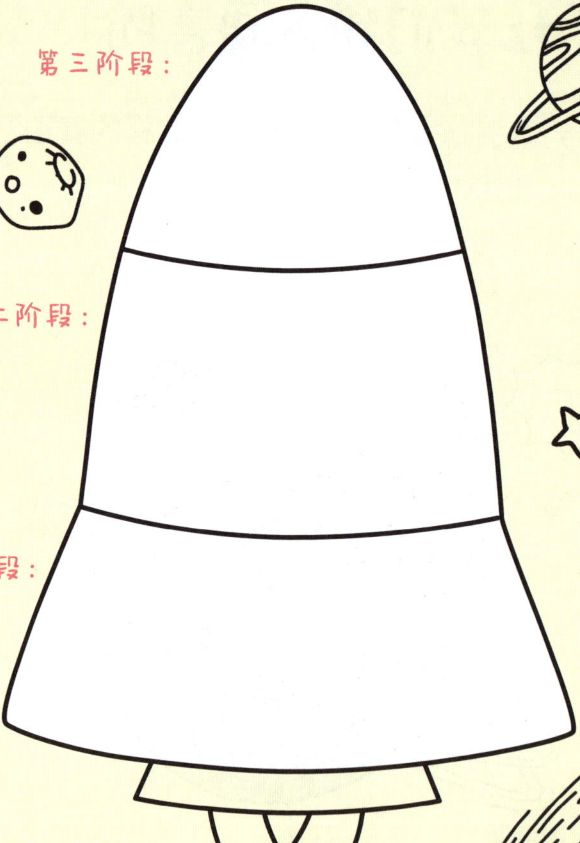

想象一下你成为引领太空探索机构的领导人。
在以下领域中如何分配预算，才能使太空探索更加高效呢？

根据你认为的重要程度，将各领域所占比例在饼图中画出来吧。

预算100%

1. 空间站
2. 月球探测
3. 火星探测
4. 深空探测
5. 太空望远镜开发
6. 火箭/宇宙飞船开发
7. 宇航员训练

假如你要为像"旅行者1号"和"旅行者2号"那样前往深空的探测器制作一张金唱片。
想想你想放入的三样东西。

图书在版编目（CIP）数据

超燃新科技．太空探索 / 大视野科普，易乐文著绘 ．
长沙 ： 湖南少年儿童出版社，2025. 5. -- ISBN 978-7
-5562-8189-3

Ⅰ．Z228.1；V11-49

中国国家版本馆 CIP 数据核字第 20251EB671 号

超燃新科技·太空探索
CHAO RAN XIN KEJI · TAIKONG TANSUO

出 版 人：刘星保		总 策 划：胡隽宓　罗晓银	
策划编辑：吴 蓓		责任编辑：钟小艳	
文字创作：李庭模　崔香淑		图画绘制：杰特梅麓	
封面设计：FAWN		内文排版：嘉伟文化	
质量总监：阳 梅		营销编辑：罗钢军	

出版发行：湖南少年儿童出版社

地　　址：湖南省长沙市晚报大道 89 号　　　　邮　　编：410016

电　　话：0731-82196320

常年法律顾问：湖南崇民律师事务所　　　　柳成柱律师

印　　制：长沙新湘诚印刷有限公司

开　　本：889 mm × 1194 mm　1/32　　　印　　张：4.5　字　数：75 千字

版　　次：2025 年 5 月第 1 版　　　　　　印　　次：2025 年 5 月第 1 次印刷

书　　号：ISBN 978-7-5562-8189-3

定　　价：25.00 元